中華書局

U0063898

圖解

政治哲學

梁光耀 著

目錄

前言

近年香港的政治爭議愈來愈激烈，隨處都可聽到自由、民主、人權、平等之聲，但我們對這些價值的認識究竟有多少呢？如果我們要爭取一些東西，但對它的了解又不多的話，那是很危險的。寫作此書的目的，就是想給大家對政治哲學的基本概念提供一個初步的認識。

全書共有八章，每章有一個主題，分別是「國家」、「契約」、「民主」、「自由」、「公正」、「平等」、「戰爭」和「全球」。原本每一個題目是以哲學家為單位講述，但後來發覺並不容易，只有「國家」、「契約」、「自由」和「公正」這四個題目可以做到，所以此書在形式上有點不一致。

八個題目可以分成三組。第一組包括「國家」、「契約」和「民主」，旨在說明由傳統到現代政體的主要特色；第二組包括「自由」、「公正」和「平等」，旨在分析這幾個基本概念的意思，及其影響；第三組包括「戰爭」和「全球」，主要探討一些具體問題，如戰爭、貧窮和污染等。

有人說政治是污穢的，政治不過是權力的鬥爭，當中充滿着陰謀和詭計。事實上，只要涉獵一下中國的宮廷政治，確是令人觸目驚心。但我更相信，政治是領導之學，政治的目的就是令眾人過着美好的生活。在今天民主時代，我們應該想一想如何選出更優秀的領導人。

梁光耀
2015 年 8 月書於香港

第一章

國家

為什麼需要國家？

國家的真正目標是自由

——斯賓諾莎

　　國家對於我們而言，幾乎是與生俱來，絕大部分人都屬於某個國家，失去了國籍，也等於失去了身份，失去了國家的保護。但無政府主義者認為，我們根本不需要國家，沒有國家我們也可以生活得很好，國家反而是一切衝突的根源。要面對無政府主義者的挑戰，我們就需要為國家的合法性辯護。當然，一個直接簡單的回應就是有國家比沒有國家好，因為國家的責任是維持社會秩序，保障我們的生命財產，讓我們生活得更加好。柏拉圖和亞里士多德甚至認為，美好人生是有賴國家來實現。我認為儒家也有類似的看法。

　　如果國家成立的目的就是幫助我們實現美好人生；那麼，需要的是怎樣的政治制度呢？有沒有放諸四海而皆好的理想政體呢？在這一章我們主要討論古代的政治哲學，包括柏拉圖、亞里士多德及儒家的思想。

不要擋着我的陽光。

有什麼可為您効勞？

狄歐吉尼斯　　　亞歷山大大帝

　　犬儒學派由安提斯泰尼所創，他是蘇格拉底的學生，認為人應該從任何外在束縛（如名利和享樂）中解放出來，靈魂才得以自由。他也否定國家組織，可謂最早期的無政府主義者。狄歐吉尼斯是安提斯泰尼的學生，只生活在一個桶子內，別無他求，最貫徹犬儒學派的實踐。

1 柏拉圖

　　古希臘時代，國家稱為城邦，顧名思義，那是以城為國的中心，所以國家面積不會很大，用今日的標準看，都是一些小國。根據亞里士多德的統計，當時的城邦就多達 158 個。雖然很多是民主制，但也有軍事獨裁的國家，如斯巴達。其實城邦的政治體制會轉變，例如斯巴達在伯羅奔尼撒戰爭打敗了雅典之後，便廢除了雅典的民主制，代之以三十僭主的貴族統治，當時柏拉圖（Plato, 427-347 BC）二十三歲。柏拉圖是雅典人，貴族出身，他的兩個舅父正是三十僭主的成員，也曾邀請柏拉圖加入其統治集團，但柏拉圖拒絕了，因為他發現這種寡頭政治只會採用高壓的統治手段。後來雅典恢復了民主制，可是，柏拉圖至愛的老師——蘇格拉底，就是在這種民主制下被判死刑，罪名是敗壞青少年和對神不敬。對柏拉圖來說，寡頭政治和民主制都是不好的，他要尋找理想的政治制度。在柏拉圖的對話錄中，有三本書是探討政治的，那就是《共和國》（也譯做《理想國》）、《政治家》及《法律》，分別代表柏拉圖早期、中期和晚期的思想。以下我會主要討論《共和國》的政治思想，因為它最具代表性。

❶ 靈魂三分

　　柏拉圖認為，人類聚居在一起，原是為了經濟的需要，大家分工合作，才能得到更大的利益。但國家的成立，還有一個更重要的目的，就是給人民帶來美好人生。在這裏，美好人生是指心靈和諧，擁有德性。

　　所謂心靈和諧其實就是靈魂處於和諧的狀態，靈魂並非虛說，也不是象徵語言，而是實有所指。靈魂能夠獨立於身體而存在，人死後靈魂就會重返實在界。柏拉圖說，靈魂分為三部分：理性、意志和慾望，分別對應着身體三個部分：頭部、胸部和腹部。人應該發展他的理性，成就智慧，也要用理性去控制意志和慾望，培養勇敢和節制的德性；這樣精神就會處於和諧的狀

態，那就是公正。柏拉圖指出，道德跟人的利益是一致的。當然，他講的並不是物質方面的利益，而是指精神方面，因為道德有助於人的精神上升，追求真實。

柏拉圖所講的「真實」跟我們的常識不同，真實是完美和不變的，根據這個定義，我們身處的世界就不真實，因為經驗事物不但充滿變化，而且也不完美，只有「理型」（或觀念）才是真實。例如經驗世界的一張椅是不真實的，因為它有朝一日會毀壞和消失，但「椅」的理型卻是永恆不變，而這張椅之所以存在，就是因為模仿了「椅」的理型。

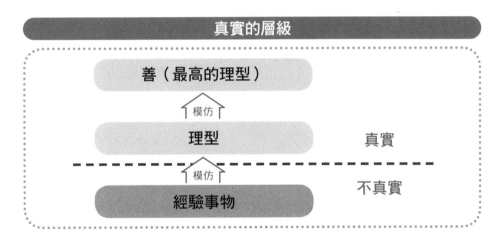

在真實世界中，理型也有不同的層級，有些比較具體，如「椅」的理型，有些則比較普遍或抽象，如「傢俬」的理型，並且前者模仿後者。理型之間也互相模仿，而最高的理型就是「善」，也是「真」，亦是「美」。柏拉圖主張人應該追求真實，精神上從經驗世界提升至理型世界。要認識理型，憑的是理性，而智慧、勇敢、節制和公正這四種德性則有助於人的精神提升，追求「善」的理型，也就是美好的人生。

　　栢拉圖在《共和國》一書提出洞穴的比喻：洞穴中有一些囚犯，腳和頸都被鐵鍊鎖住，由出生起就把牆上的投影當作真實，其中一個囚犯掙脫了鎖鍊，走出了地面，看見了太陽，而太陽正是「善」的象徵。

洞穴比喻

　　在這個比喻中，洞穴就是我們的經驗世界，追求真理必須擺脫感官的束縛。後來這個掙脫了鎖鍊的囚犯回到洞穴，告訴其他囚犯外面還有廣闊的世界，但這些囚犯不但不相信，還要將他殺死。很明顯，這個追求真理者就是暗指蘇格拉底。而太陽作為善的象徵，也有其重要意義，太陽帶來光明，萬物才得以區分清楚，就像太陽一樣，善正是一切存在的基礎。

❷ 理想國

柏拉圖認為，要達致美好人生，必需有良好的政治制度。治國有如航海，船長必須擁有專業的知識才能勝任，斷不能讓乘客出主意；同理，統治者也必須有專業的知識，但統治者需要什麼知識呢？那當然是有關「善」理型的知識，只有擁有智慧的哲學家才能勝任，這就是柏拉圖的「哲王」主張。

五種政體

在《共和國》一書，柏拉圖將政治制度分為五種，價值依次由高至低，為首的當然是以哲學家為王的政體。

貴族政體	這裏貴族不是來自出身和財富，而是根據知識和能力，最有智慧者才有資格當統治者，亦即是哲王
名譽政體	由軍人用武力統治，根據的不再是智慧，而是名譽。在追求名譽之下，統治者施展其抱負及野心，為國家謀求發展
寡頭政體	又名富人政體，是由少數富有的人來領導國家；但只着眼於財富的追求，容易引發人與人之間的利益衝突，罪惡亦由此產生
民主政體	雖然以自由和平等為原則，但由於大部分人都是愚昧，受情感和慾望的支配，常常作出錯誤的決定，以致國家失去價值和穩定
暴君政體	由無知和殘暴的獨裁者來統治國家，國家勢必走向衰亂，是最差的一種政體

　　除了統治階層之外（哲王未必限於一人，或者還有其他輔助者），柏拉圖的理想國還有兩個主要階層，分別是軍人階層（執行保衛國家的任務）和生產階層（包括農民、工匠等依靠勞力生活的人）。這三個階層正好對應着之前所講的三種不同的能力，統治者需要智慧，軍人需要勇敢，低下階層則要節制自己的慾望。如果社會上這三個主要階層能協調的話，則社會才有「公正」可言。可是，我們似乎不大了解柏拉圖所謂「公正」的意思，可以肯定不會是我們現在所講的「公平」或「平等」，反而更接近「各人安份守己，社會才有秩序」的意思。由此看來，柏拉圖理想國的階級壁壘分明，要求的是各人緊守其崗位，社會才有良好的秩序。

　　柏拉圖將統治階層和軍人階層稱為守護者，他們不容許擁有私產及家庭，目的就是要培養他們無私為公的精神；至於生產階層，則容許私有財產，因為這樣能夠激勵他們努力工作，提高生產力。守護者負責管理和保衛國家，由生產階層供養。換言之，一國有兩種財產制度，共產和私產，可謂最早的「一國兩制」。取消家庭制度的目的就是要將國家變成一個大家庭，男女平時要節制性慾，只有在特定的時期才可以交合，但也要由國家分配，這是一種優生的考慮，因為上層階級有較大機會產生優質的下一代，而孩子則一律由國家撫養，這樣每個人都不知道誰是自己的父母和孩子，不會為私情所絆，以國為家。

　　柏拉圖認為，統治者擁有絕對的權力，也不受法律的限制，因為這樣他才可因時制宜，憑智慧作出最正確的判斷。但問題是，統治者就不會濫用權力嗎？即使統治者沒有私產和家庭，所作的決定都是公正無私，但真的不會犯錯嗎？然而，柏拉圖堅信，擁有「善」理型知識的哲學家是不會被權力腐化。我認為柏拉圖是深受蘇格拉底「知識即道德」主張的影響，蘇格拉底的名句

正是「沒有人自願犯錯，犯錯只是出於無知」，一旦擁有「善」理型的知識，自然就不會犯錯。但不要忘記，歷史告訴我們，「權力令人腐化，絕對權力令人絕對腐化」的確是至理明言。

理想國的三個階層

理想國的人數為五千人，其中有一千人是守護者；換言之，約四千人負責生產的工作。

階層	職責	德性	財產	人數
統治階層	領導國家	智慧	共產	幾個
軍人階層	保衛國家	勇氣		1千
生產階層	生產生活所需，供養上層階級	節制	私產	4千

❸ 精英教育

　　但怎樣找到哲學家當統治者呢？那就要通過教育和訓練。柏拉圖為此設計出一套完整的教育制度，教育分為三個階段，初等教育由七歲開始，所有兒童都要接受，學習的科目有音樂和體育，目的是達致身心健康，心靈和諧，培養節制的品德。二十歲初等教育完成之後會有一次選拔，成績優異者會接受中等教育，那是培養守護者的教育，至於那些給淘汰出來的青少年，就會成為生產階層的成員，負責生產性的工作。中等教育為期十年，德育方面以忠節和勇氣為目標，另外也要學習數學、幾何、天文和物理等科目，為培養統治者作好準備。中等教育完成之後，又會有另一次的選拔，優異者會接受為期五年的哲學家訓練，學習哲學和辯證法，此為高等教育，被淘汰出來就負起保衛國家的職責。高等教育完成之後，只有少數的精英可以留下來，他們還要有十五年實際工作的經驗，到了五十歲，智慧和經驗充分，才有資格成為統治階層。經過重重的篩選，能夠成為統治者的，實可謂精英中的精英。

　　但是，統治階層不容許私產，有什麼誘因令青少年向上追求，努力學習呢？柏拉圖曾提到「愛美」是追求真實的力量（理性則是認識真實的能力）；換言之，愛好真理（真即是美）就是令人向上的動力。不過，我認為榮譽和權力的追求也是人生的動力；榮譽和權力的追求會帶來競爭，而這種競爭對柏拉圖的理想國來說並不是好事，因為榮譽和權力的追求會增加腐化的可能性。

理想國的教育制度

	年齡	學習的重點	培養的德性
初等教育	7 至 20	音樂和體育	節制
中等教育	20 至 30	數學、幾何、天文和物理	勇氣
高等教育	30 至 35	哲學和辯證法	智慧
實習	35 至 50	累積治國的經驗	智慧

　　柏拉圖這種教育是名符其實的精英教育，主要的功能是培養管理國家的人才，而那些質素比較差的人就會在這種教育制度下淘汰出來，要做生產的工作。但柏拉圖的教育制度真的可以保證產生出擁有「善」理型知識的哲學家嗎？根據柏拉圖的說法，統治者的候選人要接受辯證法的訓練，辯證法是一種經過討論而發現真理的方法，蘇格拉底就善於運用這種方法以揭示對手的無知，但問題是，觀乎《共和國》一書對公正的討論，最後也沒有確定的答案，而柏拉圖對公正的看法也不是由討論得來。由此看來，「善」的理型似乎並不能單靠理性去認識，在這裏，我以為柏拉圖已經越過理性而走向神秘的體驗，我的理解是，「善」等同於上帝，柏拉圖的哲王也就是靈能者，從實在界獲得治國的啟示。

辯證法

辯證法是一種通過所謂「正，反，合」的討論過程，例如 A 提出某個主張，B 提出反駁，於是 A 修改原來的主張，如此類推，不斷深化有關的議題，最終發現真理。柏拉圖對話錄中分別探討過「什麼是公正？」、「什麼是友誼？」、「什麼是勇敢？」、「什麼是節制？」及「什麼是美？」等問題，但最終都沒有確定的答案。

A：什麼是公正？

B：公正就是欠人家的東西要償還

A：若對方神經失常，也要將借來的武器交還嗎？

？

雖然討論未必可以找到確定的答案，但在討論的過程中，我們需要釐清有關概念的意思，這會有助思考能力的提升。

　　柏拉圖的理想國是階級分明，看似不平等，但並沒有階級延續的問題，因為階級不是世襲，所有人都是由國家撫養，即使父母是生產階層，子女也可以通過教育（子女不知道誰是親生父母），成為統治者，用今天的說話講，這就是機會平等。柏拉圖甚至認為，女性經過適當的教育和訓練，也可以有足夠的能力，成為統治者。從這個角度看，柏拉圖所倡議的理想國，比起古代很多社會都要公平；因此，也成為後世烏托邦的源頭。

　　不過，理想國有苛刻的審查制度，凡是認定為擾亂情感和敗壞道德的作品都被禁止，例如荷馬的史詩。至於模仿性的藝術如繪畫也被全面禁止，因為畫家模仿的是現實的東西，而現實的東西則是理型的模本；換言之，繪畫是模本的模本，是幻象，遠離真理，藝術家更要逐出理想國。由此可見，柏拉圖的理想國也有其專制的一面。

❹ 後期政治思想

　　在《共和國》中，柏拉圖的理想政體是哲學家為王，以教育為主，法律為輔，而哲王則不受法律的限制，可謂人治重於法治。柏拉圖曾兩度前往西西里島的敘拉古，教導當地的君主哲王之道，可惜皆無功而還。《法律》一書是柏拉圖晚期作品，這時他的政治思想已跟現實妥協，也許他的理想國跟現實距離太遠，根本沒有實現的希望，所以他晚年放棄以哲王為主的貴族政體，主張混合政體，重視法治，對於其他政體也有較客觀的評價。《政治家》一書可謂過渡期，由於哲人難求，所以統治者也要受法律的限制，柏拉圖根據統治者的人數和守不守法為標準，區分出六種政體。

六種政體			
	一人統治	少數人統治	多數人統治
守法	君主政體	貴族政體	民主政體
不守法	暴君政體	寡頭政體	暴民政體

最差

　　雖然守法的政體次於哲人政體，但也是較好的。而一人政體若是守法的話，則是六種政體中最好的，否則，則是最壞的；多數人政體在守法政體中，算是最差的，但在不守法的政體中，則是最好的，因為權力分散在多數人手中，既不能產生大善，也不會大惡。

　　但法律不應由多數人決定，而是由有資格的人，根據風俗習慣，選取其中有道德價值者，提升為法律。而法律又不可單靠武力，必須輔以說明，使人民能夠明白各種法律背後的理據，以收教育的作用。柏拉圖在《法律》主張一種以法治國的混合政體，姑且稱為「法治國」，法治國雖然次於理想國，但比理想國有更大實現的可能性。法治國仍保有私有財產制，並且以財產的多寡分為四級，為防止貧富過度懸殊，凡財產超過最低財產的四倍的則被國家沒收。柏拉圖主張用抽籤和選舉的方法，成立國家四種組織：護法官、行政議會、公民大會和夜間議會。

法治國的四種組織

	護法官	行政議會	公民大會	夜間議會
人數	37 人（50 至 70 歲之間）	360 人	所有公民都有資格參加	60 人
任期	不定，輪流擔任	任期 1 年，分為 12 組，每組負責 1 個月	沒有	
職責	是行政顧問和監督的機構	決定國家的政策，召集和解散公民大會	選舉各種行政官	修改法律
得出方法	由公民投票選出，但財產較多者有較多投票權	先由公民從每個階級各選相同的人數，複選後再抽籤		10 人由 70 歲以上的退休護法官擔任，10 人由行政會議推薦，10 人由宗教方面選出。此 30 人推舉另外 30 名青年人

　　法治國的四種政府組織，正體現出我們今天講的分權，而這四種權力也有互相制衡的力量。例如公民大會有權選舉護法官和行政官員，而行政議會則有召集和解散公民大會的權力，雙方可互相制衡。行政議會執行任務時，需會同護法官，這樣護法官對行政議會也有制衡的力量。至於夜間議會，由於有修改法律的權力，對各部門都有制衡的力量。

權力制衡原理

　　第一個闡明權力制衡原理的是羅馬共和國時代的鮑里貝士（Polybius, 204-122 BC），他本是希臘人，從研究政體輪替中發現，即使是所謂好的政體：君主、貴族和民主，也存在敗壞的種子，唯有將這些政體的權力要素並置，才可以產生制衡的力量，達至長治久安的目的。鮑里貝士指出，羅馬的共和政體就包含君主、貴族和民主三種權力要素。權力相互制衡，就可迫使大家合作，維持國家的穩定。

權力機構	政體性質	權力	制約
執政官	君主	行政首長，除護民官外，其他官員都要聽命於他，有權召開人民議會，指揮軍隊，動議法案和執行	元老院有權決定執政官的去留，及軍需供應和戰功論賞。人民議會有監督執政官的權力，其和戰權也可牽制執政官的軍事行動
元老院	貴族	成員多為貴族，擁有財政和外交權	人民議會可通過立法約束元老院的財政和外交權，人民議會的代表護民官也有權否定元老院的決定
人民議會	民主	有立法權，戰爭議和及條約權	公共建設涉及財政，就會受到元老院的限制。人民有當兵的義務，到時就會受到執政官的支配

2 亞里士多德

　　亞里士多德（Aristotle，384-322 BC）十七歲入讀柏拉圖的學院，長達
20 年之久，是學院的傑出學生。雖然深受柏拉圖的影響，但也是柏拉圖學説
的嚴厲批評者，其名句正是「吾愛吾師，吾更愛真理」。亞里士多德反對柏
拉圖的理型論，認為觀念（即理型）不是獨立於個別事物而存在，而是存在
於個別事物之中。舉個例，「人」這個觀念是不變的，意思是人的本質不變，
但本質並不是獨立存在，而是存在於個別的人當中，個別的人會死，但人的
本質卻不會消失。既然本質是存在於個別事物之中，所以要認識事物的本質，
就必須研究具體事物。

希臘三人幫

我是柏拉圖的學生，
但不同意他的理型論

有神靈對我作出指導

我是蘇格拉底的學生

亞里士多德　　　蘇格拉底　　　柏拉圖

　　古希臘最傑出的三位哲學家就是蘇格拉底、柏拉圖和亞里士多德，他
們也有着師承的關係。

　　亞里士多德被譽為學問之父，的確，他是很多學科的奠基人，例如生物學、氣象學、邏輯學、物理學、修辭學、倫理學和政治學等等。亞里士多德也是第一位將政治學從倫理學區分出來，他所寫的兩本書《政治學》和《倫理學》就分別探討政治和道德的問題。

❶ 目的論

　　亞里士多德有一個目的論的宇宙觀，他認為萬物都有其特定的目的，一件事物的目的就在於實現它的功能，例如醫療的目的是為了健康，法律的目的則是為了正義；那麼，人生的目的又是什麼呢？什麼才是人的功能呢？亞里士多德認為，人的最高級功能是理性，也是人的本質；所以人生目的就是充分發展其理性的能力，實現人的本質。充分實現理性就是過着理智的生活，成就德性。亞里士多德認為有兩類德性，一類是知的德性，另一類是品格的德性；前者是理性的直接實現，例如智慧，後者是人的非理性部分如情感、慾望和意志等服從理性的指引。擁有這些德性的人就是一個幸福的人，幸福的生活涵蘊着快樂，比起其他活動如運動和遊戲所得的快樂更為自足和持久。當然，這並不排斥名譽、金錢和地位也能增加我們的快樂，只是這些都不是幸福的必要條件。

　　亞里士多德認為，倫理學研究的是一個人如何過美好的生活，而政治學是研究一個社群如知過美好的生活，而個人的美好生活的實現是離不開群體的。換言之，人生目的跟國家目的是分不開。亞里士多德説：「人天生是政治的動物」，意思是人的本性是群居，自然組織家庭，由家庭發展為部落，部落再結合成國家，國家正是人類組織的極致。雖然國家可以滿足我們的經濟需要，及提供安全的保障；但對亞里士多德來説，更加重要的功能是培養

我們的德性。如果說近代西方人將國家看成「必要的惡」的話，亞里士多德則將國家視為「必要的善」——國家的成立是好的，因為它能幫助我們過幸福的生活。

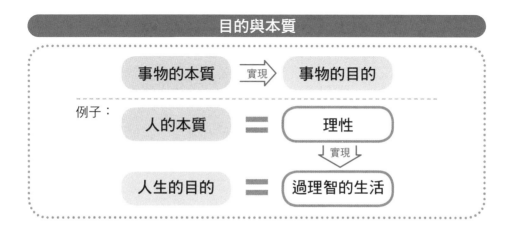

❷ 中庸之道

既然國家的目的是實現美好的人生；那麼，什麼樣的政體才可以達成這個目的呢？亞里士多德認為，並沒有所謂理想的政體，適用於任何環境，每一種政體都有它的優點和缺點，亞里士多德分析了當時常見的三種政體：君主制、貴族制和民主制。如果有優秀之人當君主，君主制就是好的政體，一人當政，優點是能夠快速作出決策；可是如果君主沉迷於權力，只為個人的利益而不理會公利的話，則君主制會墮落為獨裁政治。貴族制是由少數人當政，優點是權力分散，獨裁的風險較低；但如果貴族墮落的話，就會引起權力鬥爭，變成寡頭政治。民主制是大多數人統治，體現自由平等的精神，如

果人民有相當的知識，則會作出公平的決策；可是，如果人民質素低劣，就會受情感左右，或受到政客的煽動，易走極端，民主制墮落為暴民政治。當政體墮落的時候，革命就會出現，更換統治者或政體。政體的變革又往往伴隨着平等的追求，亞里士多德指出，平等有兩種，比例上平等和絕對平等，貴族追求的是比例上的平等，社會利益的分配要按人的能力和貢獻，這樣才是平等，所以有知識和能力的貴族應該得到多些利益。平民追求的是絕對的平等，社會利益應該平均分配。為防止政體的墮落和革命的出現，每種政體應該維持在最佳的狀態。

政體的輪替

　　亞里士多德對政體的區分跟柏拉圖的《政治家》很相似，也是分出好壞各三種；但亞里士多德不是以是否遵守法律來判斷好壞，而是以追求人民利益或個人私利來判斷。另外，亞里士多德強調的是當某種政體墮落之後，就會引發革命，變更政體。例如獨裁政治可能會引發人民的革命，推翻獨裁，成立民主制；但民主制也有可能演變為暴民政治或無政府狀態，到時就需要有才德之人出來撥亂反正，成立貴族制。當然，政體的變更不一定如此公式化，君主制革命之後出現的也有可能是貴族制，有時革命之後也會沿用原有的政體，之不過換了統治者。

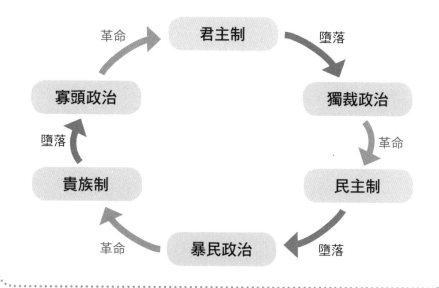

但如何維持政體的穩定呢？其中一個標準就是「中庸」之道。我們的理性會提出「適中」為標準，所謂中庸就是不走極端，無過或不及。讓我們先用德性來說明。以用錢為例，揮霍是過度，吝嗇則為不及，慷慨才合乎中道。又例如魯莽為過，懦弱為不及，勇敢才是適中。驕傲為過，自卑為不及，謙虛就是適中；貪心為過，懶惰為不及，進取就是適中；溺愛為過，麻木為不及，仁慈就是適中。根據這個標準，我們就可以得出一系列的德性。不過，「中庸」的應用不是那麼機械性，硬要在兩個極端找一個中間點，要配合具體的情況，作出最合適的判斷。

將「中庸」之道應用於政治，亞里士多德發現，由富人和窮人來當政就是過和不及，富人的缺點是傲慢，慣於指揮人，不願服從；窮人的缺點是自卑，缺乏自信，不能獨立。健全的人應該既能發施號令，又知謙讓服從，所以由中產階級來當政就最合適，因為他們能自給自足，不像窮人般自暴自棄，也不像富人般貪得無厭，既不會嫉妒富人，也不會欺壓窮人，而且可以跟他們交朋友。如果政體能以中產階級為中心，則能維持平衡和穩定。所以，為了長治久安，方法就是要壯大中產階級。從這個角度看，資本主義和社會主義也是各走極端，一個是富人當政，富人貪得無厭，貧富懸殊問題嚴重；另一個是窮人當政，窮人出於自卑和妒忌，就會批鬥富人。

如何預防革命？

亞里士多德指出，任何一種政體要預防革命，都可從以下三方面入手改善。

政治制度	統治階層不應壟斷一切官職，那些次要的官職可以讓被統治階層擔任，例如在民主制，就應鼓勵富人擔任；在貴族制，就要鼓勵平民擔任
	官職沒有報酬，貧民為了生計，就不會擔任；富人不需謀生，就可專心做好官職
	官職的任期不要太長，要輪流擔任
	制定法律，防止官員以權謀私
社會制度	增加中產階級，以平衡貧富之間的衝突
教育制度	教育人民以符合該國政體的精神，例如貴族制以道德為上，民主制則以法律為上

❸ 公民政體

　　雖然說沒有一種政體是最理想，每一種政體都有墮落的可能；但君主制很難付諸實現，因為有才幹兼有道德的君主實在難求。至於民主制，由於大多數人都是愚蠢，只有少部份人是有智慧，訴諸多數決的惡果是有才能的人被埋沒，民眾則被奸詐的人所操縱。根據亞里士多德的中庸之道，政體應以中產階級為主的話；那麼，君主制看來就不是那麼合適。

政體的分類

亞里士多德有另外兩個分類政體的標準,一個是按立國的原則,共有四個,分別是自由、道德、財富和出身。另一個是國家中的討論、執行和司法機構如何組成。

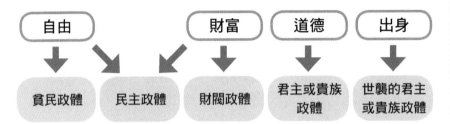

	討論機構	執行機構	司法機構
貧民政體	公民大會,所有公民都可參加	從公民中用抽籤的方法選出	
財閥政體	以財富為資格		
民主政體	公民大會,但有少許財富才有資格成為公民	用抽籤和投票的方法,但被選舉權則限於有財富者	

貧民政體又可分為優良和敗壞兩種,如果人民以農民為主,則為優良,因為他們忙於耕種,無暇出席公民大會,而且他們愛實利而輕虛榮,不願擔任沒有報酬的公職,所以貧民政體可以安於無事。相反,若人民以工人為主,他們居於城市,常出席公民大會,擾亂生事,故為敗壞的貧民政體。

　　亞里士多德對柏拉圖的理想國有嚴厲的批評。亞里士多德既然不同意柏拉圖的理型論，當然也不同意有所謂「善」的理型，自然也否定哲王（擁有「善」理型的知識）主張。亞里士多德認為共產制和廢除家庭根本是錯誤的，因為它們違背人性，財產私有和家庭生活是人的快樂之源，為了國家的高度統一和團結，要犧牲個人的幸福根本不合乎常理。根據常理，父母會給子女提供最好的照顧和培養，雖然柏拉圖會說，在理想國中每個兒童都得到大家的關懷和照顧，但這種感情根本是淡如水，質素肯定不及自己的親生父母，難怪亞里士多德諷刺地說：「寧願做一個真實的堂親，也不願做柏拉圖的兒子」。還有，私有制能建立人的自尊心，而家庭的教導則培養人的羞恥感，自尊心和羞恥感對人格的健全發展是很重要的（20世紀的政治哲學家洛爾斯認為，自尊心是重要的社會基本有用物品，對任何人生計劃都是重要的）。沒有財富，也不能發展出慷慨的德性；而廢除家庭制度更會產生性濫交、淫亂和性侵犯兒童（因為兒童得不到家庭的保護）等不良後果，有礙節制這種德性的培養。總言之，柏拉圖的理想國根本是行不通的。

　　柏拉國以航海和醫生作比喻，統治者擁有專業知識，被統治者理應服從，正如病人應該相信醫生的診斷，不要跟醫生爭論；亞里士多德則提出廚師的比喻，治國有如烹飪，廚師除了專業知識之外，也要看食客的反應，所以統治者也要顧及人民的意見，不能一意孤行。亞里士多德針對希臘當時貧富兩極化的狀況，主張一種公民政體，只有公民才有資格參與政事，但低下階層如農民和工人就沒有公民資格，因為他們要從事勞動的工作，無暇參與公民大會，這些公民就是亞里士多德所講的中產階級。公民雖然擁有選舉及監督政府的權力，但被選舉的人則限於少部分精英分子。由此可見，公民政體正是一種界乎貴族和民主之間的政治制度，是一種混合政體，也是亞里士多德中庸之道的應用，由有能力和社會地位的人來擔任公職，平民則負責議政和

監察，集思廣益，減少政府出錯的機會。

雖然柏拉圖後期重視法治，但法治國只不過是次選，比不上理想國。而亞里士多德卻十分重視法律，即使人可以去除私利，但作判斷時總受到情感的影響，法律才是「沒有情感的理智」，冷靜而客觀。

奴隸制度

亞里士多德政治思想中最為人咎病的地方就是支持奴隸制，他認為有些人天生就是奴隸，他們缺乏自主的能力，奴隸制就最適合他們。但其實他也不是毫無條件支持奴隸制，以下是他對奴隸制的改善建議。

① **反對戰敗者成為奴隸**

② **奴隸也有可能成為自由人**

③ **主人應該善待奴隸**

❹ 亞里士多德之後

在亞里士多德之後，有兩個哲學流派開始盛行起來，那就是伊壁鳩魯學派和斯多亞學派。對於人應當怎樣生活這個問題，這個學派的影響力比亞里士多德還要大。也許當時的政局（雅典衰亡，被馬其頓人征服，淪為亞歷山大帝國的一小部分）令得大家對政治沒有什麼期望，加上亞里士多德曾擔任亞歷山大帝的老師，他那套理想公民的思想自然也不受歡迎；哲學家開始反求諸於己，探討如何在亂世之中安身立命。伊壁鳩魯學派延續了至少六個世紀，斯多亞學派也差不多有五個世紀的歷史。

伊壁鳩魯學派與斯多亞學派

	伊壁鳩魯學派	斯多亞學派
創始人	伊壁鳩魯 （Epicurus, 341-270 BC）	芝諾 （Zeno of Citium, 336-264 BC）
形上學	原子論	一切都是被自然法則所決定
倫理學	死亡不過是原子的解散，不需害怕。人應該控制慾望，追求心靈平靜的快樂	人只能改變自己的態度，順其自然
政治觀點	聰明人應該遠離政治	提倡國際主義，主張人人平等

　　雖然亞里士多德的思想一度沉寂，但其政治思想亦有普遍的意義。先説他的公民政體，比起古希臘時的民主制，其實更接近我們今天的民主政治，因為古希臘的民主制是一種直接民主，所有公民都有選舉和被選舉權，即使是劣質之人，也有可能通過抽籤而身居要職；而亞里士多德的公民政體則是一種間接民主，公民只有選舉和監察權。另外，他對寡頭政治和貧民政治的分析，對我們了解當今不同政體的衝突也有很大的啟發。亞里士多德所講的國家中的三大機構決策（討論）、執行和司法，也約略對應我們今天所講的三權分立；還有，亞里士多德也提及國家的最後權在於憲法，這又涉及主權的問題，可惜他並未説明清楚這個最後權是什麼，有時又似乎是指公民的選擇和監察權，那就跟主權在民的觀念接近。

3 儒家

　　儒家興起於春秋戰國時代，是中國歷史上第一個系統性思想，也是中國文化的主流思想，孔子（552-479 BC）是儒學的創始人，孟子（372-289 BC）則是最重要的繼承者。孔子生於春秋末期，當時正是禮樂崩壞，社會大動亂時代。周天子名義上是共主，但諸侯們已不再遵守周朝訂下的規範（周禮），周天子亦沒有能力解決諸侯之間的紛爭，結果是諸侯們為爭奪利益（土地和人民）而互相攻伐，人民生活在戰亂之中，非常痛苦。除了國與國的戰爭外，一國之內也常有以下犯上的叛亂，例如孔子身處的魯國就有「三桓之亂」，三桓就是季孫、叔孫和孟孫三位卿大夫，他們把持朝政，有一次魯昭公想討伐季孫，結果季孫聯合叔孫和孟孫，打敗了昭公，並驅逐出魯國。

　　面對這個亂局，孔子提出救世的主張，就是重建周禮，為它注入新的養份，那就是「仁」，為「禮」的根源，即一切禮儀制度背後的根本意義。用今天的哲學術語講，仁就是道德主體，能夠分辨是非善惡，並且能行善去惡。孟子的「性善論」可以説是將孔子的「仁」進一步理論化。孟子用「孺子將入於井」這個例子來證明人性向善，他説當我們看見小孩將墮入井之際，就會生起惻隱之心，不忍心這件事發生，原因不是要得到人的讚賞，也不是要結交小孩的父母，亦不是憎惡小孩的呼叫聲。孟子指出在這種特殊情景之下，我們能夠親身體驗到跟個人苦樂、利害無關的「惻隱之心」，亦即是「仁心」。孔子和孟子的政治思想分別散列在《論語》和《孟子》二書之中。

❶ 為政以德

　　孔子強調在禮制之下，每人都有自己應盡的義務，由此帶出「正名」的主張，正名就是「君君、臣臣、父父、子子」，意思是居於何種地位的人，就應盡這個地位所要完成的義務，君主應該做好君主的義務，臣子應該做好臣子的義務。孔子針對的是當時君不君，臣不臣，諸侯僭越天子、大夫僭越

諸侯，家臣又僭越大夫的混亂情況。

根據君臣應盡的義務，孔子有一套德治主張，這就是日後所講「聖君賢相」。正所謂「政者，正也」，為政者首先要正派，必須有道德修養，這樣就可以以身作則，起領導的作用。孔子用風和草作比喻，說君主像風，人民像草，風吹向那方，草就會倒向那方；如果君主為善，人民就會跟着為善。孔子認為，若能以德行來治理國家，就像北極星一樣，其他星都會環繞它而運行，人心歸附，社會秩序逐能建立。

孔子的政治領導有三個重點，就是「足食，足兵，民信」，足食包括經濟和社會的安定，足兵就是國防，民信則是人民對國家的信任。而三者也有着優先的次序，以民信為首，其次是經濟，最後是國防。換言之，人民對政府的信任是最重要的。這亦是道德、經濟和軍事三者在價值上的優先次序。

具體施政方面，則有其三部曲，那就是「庶、富、教」，首先是使人口

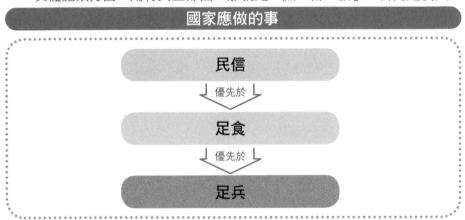

多起來，然後是使人民富足，最後是教育他們，跟管仲講的「衣食足則知榮辱」道理相通，先富後教。孔子認為教育比刑罰的效果更好，他說：「道之以政，齊之以刑，民免而無恥，道之以德，齊之以禮，有恥且格」，用刑罰只會令人民不敢犯事，但不能幫助他們提升德性，應該用禮來指導行為；因為禮可以幫助我們更好地發展德性，所以君主不應訴諸武力和威嚇來統治。為政還有兩個重點，就是公平和安全問題，正所謂「不患寡而患不均，不患貧而患不安」，「寡」和「貧」的意思都是財富少，這是經濟問題；但比較起來，公平（均）和安全（安）就更加重要，應該優先考慮。這裏所講的安全似乎跟之前的去兵道理有衝突，足兵是國防的事，雖然也跟安全問題有關，但是對外的，重點是武力防禦；而這裏講的安全是指國家內部，即社會秩序，靠的是人民守禮，重點是道德修養。

　　孔子認為，統治者的責任是指導人民，培養品德，才能成就一個有秩序

禮的作用

禮主要有兩個功能，一個是帶來社會和諧，正謂「禮之用，和為貴」；另一個是幫助我們發展品德。

品德	沒有禮節制所導致的問題
恭（尊敬）	勞（疲勞）
慎（謹慎）	葸（懦弱）
勇（勇敢）	亂（魯莽）
直（率直）	絞（不理會人的感受）

的和諧社會。不過，禮治思想背後是不平等的階級制度，而將道德看成是政治的延續也有不少弊端，後面再討論這些問題。

　　孔子教導學生的目就是為了培養從政的人才，這種德才兼備的人稱為「君子」，孔子以「五經六藝」為教學的內容，亦即是以當時的貴族教育為依據。五經是《詩》、《書》、《易》、《禮》、《樂》；用現代的標準，《詩》是文學、《書》是歷史、《易》是哲學、《禮》是社會規範、《樂》則是音樂藝術，相當於今日的人文學科，跟其他學科相比，人文學科跟道德修養的關係較為密切。至於六藝，就是禮、樂、射、御、書、數，擁有這些技能，也就可以在社會上立足謀生了。

❷ 民本思想

以孝治天下

要當天下人是你父母

君主就是天下人的父母

　　魏晉之時，提倡「以孝治天下」，這也是源於孔子。有一次孟懿子問孝於孔子，孔子答：「無違」，但無違什麼呢？稍後學生樊遲逐問，孔子就說：「生，事之以禮；死，葬之以禮，祭之以禮」，孔子曾說過為政的工作就是「養生送死」，由於孟懿子是有權位的人，所以孔子答得婉轉，無違就是無違天下人之心，將人民當成父母，以孝待之。「以孝治天下」的意思就是大孝於天下，為政者以天下人為父母來對待，本來這是對為政者的要求，但後來竟然演變為君主統治的手段。例如有所謂「移孝作忠」，忠君才是大孝，將君主當成父親，跟原來的意思相反。又例如大力提倡孝道，目的就是防止人民革命作亂，原因是為了父母就不會做出這種會被殺頭之事。

五美四惡

　　子張問政，孔子答有五個原則應該遵守，有四種東西應該去除，此所謂「尊五美，屏四惡」

五美		
惠而不費	對人民有利而不用破費	為政的原則
勞而不怨	使人民做他們能夠勝任的事，那就沒有怨言	
欲而不貪	滿足人民的正當需求，但不會引發他們的貪念	
泰而不驕	有自信，但不會驕傲	為政者的修養
威而不猛	要有威嚴，使人民敬重，但不會害怕	

四惡	
不教而殺	謂之虐，即殘忍。不教育人民，反而以殺禁止人犯事
不戒而成	謂之暴，即暴躁。事前不提出要求，反而要人拿出成果
慢令致期	謂之賊，即害人。玩弄法令，反而要人完成任務
猶之與人也，出納之吝，謂之有司	這是前面三惡的總結，以吝比喻苛刻

在為君的義務中，孟子比孔子說得更具體，就是以「不忍人之心，行不忍人之政」，「不忍人之心」就是惻隱之心，「不忍人之政」就是「仁政」。什麼是仁政呢？簡單地說，就是為君者必須為人民謀幸福，使人民能夠安居樂業。正如孟子所說：「民為貴，社稷次之，君為輕」，假若為君者不能盡他的義務，反而殘害百姓，又當如何呢？孟子認為人民是有權推翻暴君，正所謂「聞諸一獨夫，未聞弒其君」，像商紂這樣殘暴不仁的君主，已失去做君主的資格，人民是有權推翻他的統治，所以周文王只是殺了一個惡毒的人，並沒有弒君。但革了命之後，誰來當君主呢？孟子認為是由天命來決定，這是源於「以德配天」的觀念，周伐商成功後，明白到上天並不永遠保祐一家一姓的政權，君主雖是受天命來治理人民，但天命不常，它只保祐有德之人。但我們如何知道天命呢？那就要看人民的反應。但誰是天命所歸呢？就是得民心者，所謂「得民心者得天下」就是這個意思。例如劉邦和項羽之爭，最後是得民心者勝出，但在之前，卻要經過一連串的殺戮。儒家的缺失就是沒有繼續思考和回答「政權合理轉移」的問題。

孟子雖有「民為貴、君為輕」的民本思想；但他的意思不過是國以民為本，重視民生和民意，並不是主權在民的民主思想。要治理國家，還需要有賢能之士，這就是孟子所講的「尊賢使能」。孟子認為，選拔官員的時候，必須廣泛聽從民意，並且進行研究調查。君主和大夫稱讚的話都不算數，只有人民說好的話，才去做考察，屬實的話，才可以任命。孟子說，君臣的關係是對等的，是一種合作關係，正所謂「君之視臣為土芥，則臣之視君如寇仇」，君子不當臣子是人，臣子也不當君主是人。臣子的其中一個責任是匡正君主，指出君主的錯誤。

《書經》的民本和尊賢思想

民本和尊賢的思想源於流長，最早的文獻見於周代的《書經》。

民本	
天聰明，自我民聰明；天明畏，自我民明威	天意是由民意來顯現，如果君主能夠有德行，施仁政，必為人民擁戴；反之則會失去民心，亦即失去天命，喪失統治權
人無水於監，當於人民監	人照水而見影，是為水監；而政治的興亡及得失，就得由人民來監察

尊賢	
都，在知人，在安民	「安民」就是以民為本，但如何安民呢？答案就是「知人」，知人就是重視人才，此即「尊賢」

歷代選拔人才的方法

漢代要到漢武帝才提出察舉制，但到了漢末，已被世家門第所把持，隋代首創考試制度，經唐代發揚一直沿用，直至清末。科舉制雖然有公平、開放及客觀的好處；但考試成績只能顯示考生的知識，但並不保證他們都是才德兼備之士。

漢代	察舉制：由地方官和地方人士經過考察，推舉有德之人
魏晉	出身門第及名士推薦
唐代	科舉制：通過考試，分科取士

仁政的具體措施又是什麼呢？孟子說：「夫仁政必自經界始」，意思是仁政的基礎在於經濟，先搞好經濟，令百姓生活穩定，正所謂「有恆產者有恆心」，人民生活安定，就可心志堅定，不會為非作歹，進一步就要教育人民，就是「謹庠序之教，申之以孝悌之義」，這跟孔子「先富後教」的道理相通。當時孟子提出的具體措施就有恢復井田制，用耕作公田代為交稅、免除關稅、減除重複的稅項等。由此可見，儒家思想不只講仁義道德，也重視財經的問題。

孟子的民生標準

孟子認為治國必須先搞好民生，否則就失去當君主的資格，以下是他的標準：

關懷老年人	五十歲以上的人有棉襖穿
	七十歲以上的人有肉食
照顧弱勢社群	年老失去妻子、丈夫或子女的人，及年少失去父母的人都得到照顧

❸ 內聖外王

「內聖外王」雖出於《莊子》一書，卻很適合用來形容儒家的思想，內聖指的是個人的道德修養，外王則是政治秩序良好，人民能夠安居樂業，而內聖則是達致外王的必要條件。由此看來，政治只是道德的延續，內聖而外王，只要道德搞好，政治就沒有問題，正如孟子相信只要君主行仁政就會天下太平。

《大學》可以說是先秦儒家思想的一個總結，談的正是「內聖外王」之道，重點是交待「內聖」和「外王」的關係。《大學》的主要內容包括「三綱領」和「八條目」。大學原是古代的高等學校，由國家辦理，學習的是「大人之道」，即修養品德和治國的學問，原本只有貴族才有機會接受這種教育；但孔子開創平民教育之後，修身已不再是貴族的專利，正所謂「自天子以至於庶人，壹是皆以修身為本」。

　　大學正是道德和政治結合的學問，每個人都要有道德修養還說得通，但難道每個人都要從政嗎？事實上，孔子的確是以從政為目標，正所謂「不仕無義」，很明顯，儒家認為讀書人應以從政為己任。即使如此，並非所有人都是讀書人，事實上也不可能所有人都從政；但從政也有其廣義，政治是「管理眾人之事」，在任何一個團體、公司、學校、甚至家庭，都涉及管理人的事務，由此可見，任何人都很有機會「從政」。

　　《大學》的「三綱領」是「明明德」、「親民」和「止於至善」。「明明德」的重點在於修身，屬「內聖」；而「親民」則是行善的後果，屬「外王」；至於「止於至善」，可視為最終的目標。

修行的次第

《大學》主張「內聖」的修行有六個步驟：「知，定，靜，安，慮，得」。

知止	認知到自己紛亂的情緒慾望，想停止它
定	需要很大的心力，那就是「定」
靜	「定」後心靈才能平靜
安	心「靜」下來才能「安」
慮	心安才能精確思考，這就是「慮」
得	「慮」而後能「得」，所「得」的自然就是「明明德」

　　至於「八條目」，就是「格物，致知，誠意，正心，修身，齊家，治國，平天下」這八個程序，一般認為前五者屬於「內聖」，後三者則屬於「外王」，很明顯，「內聖」是「外王」的先行和必要條件。但如果「格物，致知，誠意，正心，修身」也是「內聖」的次第，它跟之前所講的「知，定，靜，安，慮，得」修行次第又有什麼關係呢？我認為前者是扣緊「外王」而講，它重視的是「格物，致知」，即研究事物的道理，獲取知識。嚴格來說，「格物，致知」不屬於「內聖」，而是有助於「內聖」的方法。由此可見，「致知」的「知」，跟「知止」的「知」不同，前者是對外物的認識，後者則是對自己的認識，所以「知止」跟「誠意」相若，都有面對自己，認識自己的含意。至於「定，靜，安，慮」則屬於「正心」的範圍。那麼，「得」就是指「修身」成功。

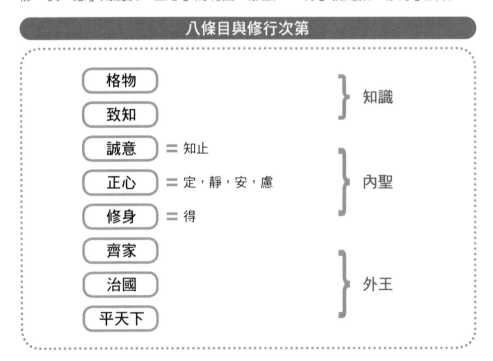

八條目與修行次第

格物		知識
致知		
誠意	＝ 知止	內聖
正心	＝ 定，靜，安，慮	
修身	＝ 得	
齊家		外王
治國		
平天下		

但如果「格物，致知」只是研究事物，獲取知識，它又如何有助於「誠意」呢？我以為構成知識的一個主要條件就是「真」，一旦我們發現己有的知識是假的話，就沒有資格稱為「知識」了，例如「地球是平的」。所以，追求知識必須有求真的精神，認真的態度；若能用這種精神面對自己，則有助人培養「誠意」。

要注意的是，齊家中的「家」並不是現代社會的小家庭，「家」的原意是大夫的封地，後來演變為宗法社會的大家庭或大家族，例如以前新界的鄉村，居住的都是同姓人，有一個共同的祖宗，鄉村以祠堂為中心，是祭祀和執行家法的地方，除了維持地方治安之外，也有救濟的福利功能。所以齊家的意思其實是管理的地方得到穩定。

不過，內聖外王只是一種理想，中國歷代的政治並非如此，正所謂外儒內法，要建立社會秩序，除了禮制，法也很重要，其實漢武帝獨尊儒學所走的路線，跟孔孟之道相去甚遠，反而接近荀子。荀子主張尊君，他說：「人君者，隆禮尊賢而王，重法愛民而霸」，是禮法並重，春秋戰國正經歷城市壯大和商業興起等帶來的社會變遷，禮並不足以應付，法實是因應時代的需要而生。孟子將王道和霸道看成是互相排斥，雖然荀子也認為王道優於霸道，但主張兩者可以合一，很明顯，荀子比孟子的主張更符合實際需要，因為要實現外王，必須要落實有效的統治。

❹ 儒學的弊端

有些批評認為儒家是專制思想，極權主義，強調的是人民對君主的服從。但這種批評對先秦儒來說並不十分公道，因為孔孟的思想並非如此，荀子雖然主張尊君，卻也説「從道不從君」，可見他並不卑民。所謂「君尊臣卑」乃是漢儒受陰陽五行思想污染的產物，跟先秦儒家沒有關係。

孔子雖然重德治而輕刑罰，但後來的政治實踐都是「外儒內法」，法家的嚴刑峻罰從來沒有消失過，漢武帝獨尊的儒家已經受法家污染，著名的三綱説「君為臣綱，父為子綱，夫為妻綱」其實源於韓非，而「君要臣死，臣不得不死；父要子亡，子不得不亡」的教條更是法家的產物。

儒家的優點是掌握道德的本質，但問題是誇大了道德的價值，把政治秩序看成是道德秩序的延續，將政治生活簡化為道德生活的一部分，完全看不到政治領域的獨特性，對於「政權的成立和轉移」、何謂「正當權力」等核心問題根本無法處理。只能夠提出德治的主張，盼望聖君賢相的降臨。當然，日後的儒者也曾注意到君權過大和不正當的使用，但亦只能從「權力運用」的層次上提出制衡，例如漢儒所講的「天意」，用以限制君主的權力；卻並未對「權力基礎」的合理性提出質疑。中國傳統政治之所以步步走向專制，實與儒學的根本缺陷不無關係。有人誤解儒家的民本為民主思想，民本不過是説身為國家主人（君王）應該明白人民的重要性；但這與「人民才是國家的主人，國家領袖不過是人民的代表，所以人民有權改變政府」的民主思想實在相去甚遠。

儒家從未對當時世襲的君主制作出反省和批評，視之為當然而接受，只是提出治國的主張，也並未對政體的特性作出研究，更莫論提出替代的可能

性。君主專制的禍害實不用多說，除了開國之君之外，大部分君主都是長於深宮，不知人間疾苦的職業皇帝，由這些人擁有絕對權力，遲早要出亂子。雖然中國歷代都是君主制，但也有不同的形態。簡單來說，我們可以將君主制分為三種，第一種是非世襲，由現任君主選擇才德之士為接班人；第二種是世襲的，但不是君主集權；第三種是世襲的，並且君主擁有絕對權力。

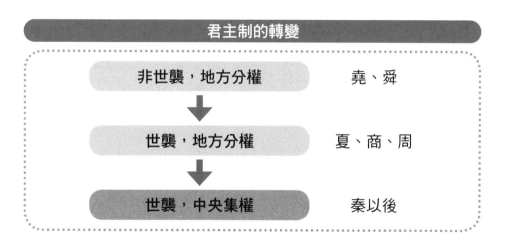

君主制的轉變

非世襲，地方分權	堯、舜
世襲，地方分權	夏、商、周
世襲，中央集權	秦以後

4 結語

　　孔孟活動的時間跟古希臘三哲相若，大家都處於戰亂的時代，除了國與國之戰，一國之內也常有動亂；不過，內亂的性質不同，春秋戰國的內亂多發生在統治階層，並不是平民的動亂，例如三家分晉，晉國被三個大夫瓜分為韓、趙、魏三國。但古希臘則常有大規模的民眾暴亂，也因此出現不同的政體。

　　儒家跟柏拉圖和亞里士多德相同的地方在於，大家都認為國家的目的是實現美好的人生，也是以德性為主；當然，雙方所着重的是不同組合的德性。其中孔子跟柏拉圖尤其相似，柏拉圖兩度前往西西里，希望教導當地的君主成為哲王，可惜無功而還；孔子也周遊列國，宣揚他的主張，亦始終得不到重用。兩者也認為，通過教育可培養出政治人才，柏拉圖有完整的教育制度，孔子亦有一套教材培養從政的人才。儒家的聖王跟柏拉圖的哲王一樣，關注的是統治者的質素，重人治而輕法治；不過，後來柏拉圖修改了原來的看法，重視法治，更提出法治國的主張。

　　由於古希臘有多種政體並存，使柏拉圖和亞里士多德有機會探討不同政體的優劣，並提出改良的方案；相反，孔孟並未對君主制本身作出反省，只是強調為政者要做什麼，也並未對君主的權力作出制衡，柏拉圖和亞里士多德則注意到分權的問題，由於政體的多元性，也體現出法治、平等和自由等價值，對近代西方的民主政治有重要的影響。

　　儒家思想容易跟專制極權結合在一起，柏拉圖的思想也有這個問題。有人甚至認為柏拉圖的理想國思想導致 20 世紀各種獨裁政權的出現，是西方極權思想的源頭。20 世紀哲學家巴柏（Karl Poppe, 1902-1994）就是其中之一，他在《開放社會及其敵人》一書中批評柏拉圖的靈魂轉世思想帶來迷信封閉的禍害，是開放社會的敵人，只有講求科學可否證的社會才是開放和合

理的。但如果有靈魂轉世的思想就是迷信封閉的話，那麼佛家也是。或許有一天我們可以驗證靈魂轉世之說，巴柏這麼快就判斷是迷信，看來封閉的是巴柏本人。雖然柏拉圖否定私有財產，但只限於上層階級。柏拉圖正強調統治者的品德，跟儒家一樣，並未主張暴力統治，只不過這種聖王哲君的思想容易被人利用，為極權政治服務。

本章的題目是國家，但並未對國家作出定義，重點只在於說明古代哲學家的理想政治和國家的功能。對於「國家是什麼？」及「揚棄國家是否可能？」等問題，會在最後一章再作討論。

第二章

契約

國家權力的來源？

> 要依法統治自願被統治的人民，
> 而不是強迫的統治
>
> ——柏拉圖

　　興起於 15 世紀的文藝復興運動，雖然只是強調理性和個體精神，也足以動搖長達一千年神權統治的根基，因為教會要求的剛好是相反的東西：信仰和服從。15 世紀也是商業興起，城市壯大的時代，建基於封建領主的農業經濟已經不合時宜。在這種背景下，君主乘機擴展權力，對外力圖擺脫羅馬教會的控制，對內則打擊封建領主，進行經濟改革。英王享利七世、法王路易十一世，西班牙王斐迪南五世，都分別在 15 世紀末建立統一的民族國家，提升國際間商業競爭的優勢。

政權與教權

　　長達一千年的中世紀可以說是政權與教權之爭的歷史，而對於這兩種權力的看法，以神學家奧古斯丁（Saint Augustine, 354-430）和阿奎那（St. Thomas Aquinas, 1225-1274）最具代表性。

	國家	教會
奧古斯丁	國家源於人性惡（原罪），負責管理人的世俗事務，比如慾望和財產。即使是暴君，人也有義務服從	教會負責管理人的精神生活，人要通過教會才能進入上帝之國。教權高於政權，所以國家應盡量配合教會
阿奎那	國家是自然產生（受亞里士多德影響），為了使人過更美好的生活。人沒有義務服從暴君	教會只是幫人完成道德生活，教會則負責將這些人死後引進天國。國家應附屬於教會之下

　　及後 16 世紀出現宗教改革，改革派批評教會的腐敗，主張成立新教，代表人物馬丁路德（Martin Luther, 1483-1546）就認為每個人都可獨自面對上帝，無須透過教會，人也有自由解釋聖經。宗教改革間接助長了君主的權力，因為信奉新教的君主可藉此沒收舊教的土地，而舊教要繼續生存，也要得到當地君主的支持，君主權力得以進一步擴大，出現君主專制，甚至暴君統治。16 世紀民族國家紛紛出現，正如前面所說，君主對外要擺脫教會的控制，對內則要壓制封建領主，統一全國，而布丹（Jean Bodin, 1530-1596）的主權理論正好為君主集權提供根據。

布丹的主權理論

　　第一個提出主權理論的是 16 世紀法國學者布丹，他給國家的定義是「被一個最高主權所支配的團體」。

主權的三個要素

最高性　　永久性　　不可分

　　由於專制對人民的壓迫，自然會出現推翻專制統治的行動，在思想層面，亦會令人思考政權的合理基礎何在，而宗教改革所體現的自由和平等精神，最終也會演變為政治的訴求。契約論的思想就在這種時代背景下出現，代表人物有霍布斯、洛克及盧梭。他們認為，既然人本來是自由和平等，誰也支配不了誰；所以國家的權力應來自人民的同意，這才是政權的合理基礎。

1 霍布斯

　　霍布斯（Thomas Hobbes, 1588-1679）是 17 世紀的英國哲學家，他生於英國的動盪時期，當時英王查理一世堅持君權神授說，並且加強宗教的控制，觸發了 1648 年的清教徒革命，導致內戰，清教徒領袖克林威爾打敗了查理一世，實施了 10 年名為共和的獨裁統治。克林威爾死後，國會迎接流亡的查理二世回國復辟，霍布斯曾是查理二世的數學老師，跟保皇派人仕關係密切，雖然他致力建立強勢的君主制，可是他的契約論跟官方的君權神授對立；也由於他主張君主專制，所以亦不受改革派的歡迎，可謂兩面不討好。

　　雖然霍布斯的思想不為時代所接納，但他卻是英國第一個有系統的政治思想家，具有不可忽視的地位。霍布斯代表作有《利維坦》，這本書主要分為兩部分，第一部分是討論人性，第二部分是討論國家的本性。雖然 17 世紀的英國陷於內戰，但從更廣闊的時代背景看，這是一個理性的時代，近代的自然科學興起，自然科學家人才輩出，例如哥白尼、開普勒、伽利略及稍後的牛頓，由於自然科學的巨大成就，就連哲學界和文化界都受到它的影響，形成了自然主義的思潮，很多哲學家都想用自然科學的方法來探究人性，霍布斯就是其中的表表者。

❶ 人性論

　　霍布斯以科學實證的進路來研究人性，即從現實對人的觀察中建立自己的理論，他發現人的所有行為都是受情慾所驅使，善惡（非道德意義）也就是由情慾來定義。傳統哲學家認為人有意志，可以控制自己的慾望；但霍布斯反對這種說法，他認為意志不過是人用理性考慮行為的各種後果之後所出現的愛惡。

　　在慾望的驅使下，加上資源有限，人不免會你爭我奪。霍布斯這種對人

性的看法可以稱為性惡論，在他之前，意大利的馬基維利，及中國的荀子和韓非都有類似的看法。馬基維利對人性惡的描述更是十分露骨，自私、貪婪、無恥、卑鄙、虛偽、反覆、忘恩負義等等，唯有強權才能維持社會秩序。

馬基維利的政治思想

馬基維利（Niccolò Machiavelli,1468-1527）生於文藝復興時代的佛羅倫斯，歐洲各國已經開始建立民族國家，但意大利還是四分五裂，西北有米蘭公國，東北有威尼斯共和國，南部有那不勒斯王國，中部有佛羅倫斯共和國，還有羅馬教會的直轄領土。馬基維利渴望意大利能夠統一，否則就有被鄰國瓜分的危機。馬基維利被喻為現代政治學之父，這是因為他是西方第一個提出政治現實主義的人，使政治學從倫理學中區分出來，但他對政體的分類卻跟亞里士多德差不多。

優良政體		墮落政體
君主政體		暴君政體
共和政體	貴族政體	寡頭政體
	民主政體	無政府狀態

馬基維利認為，以土地為基礎的貴族政體會形成割據的局面，故寡頭政體是最差的政體，民主政體本是最好的，因為人民可以共同商議國事，集思廣益，不像君主政體一人獨斷，但由於人性是自私自利，加上當務之急是要統一全國，所以必須實行君主專制，君主是凌駕於法律和道德之上，為了國家的統一和利益，可以不擇手段。

　　但霍布斯跟之前諸位有兩點不同，第一，霍布斯是從唯物論的角度去解釋人的行為，他受當時伽利略的科學思想影響。根據伽利略的「物質恆動定律」，物體是恆常運動，我們需要說明的是為什麼物體會停下來，這是一種跟亞里士多德完全不同的新觀點；霍布斯認為，慾望正是心中朝向某一目的的運動。第二，他對人類爭鬥的原因有更深刻的探討。霍布斯指出，除了爭奪利益之外，懼怕別人傷害自己，及要令人欽佩自己，也會引起人與人之間的爭鬥。換言之，爭利、猜疑和虛榮都是爭鬥的原因。霍布斯更指出，為了保存自己的利益不受傷害，人需要不斷追求權勢，至死方休。

霍布斯對爭鬥的分析

人與人相爭的三個原因可以歸類為名和利的追求；換言之，名利慾是人基本的慾望，至於權力慾則是次生的，權力是獲取及維持名利的手段。

在自然狀態中，資源相對稀少，而人這種自私自利的本性就更加表露無遺，所謂「自然狀態」就是指未有國家和社會之前的人類境況。霍布斯認為，在自然狀態中，人的所有行為都是為了自我保存，他稱之為自然權利，這時候尚未有道德和法律，人的行為不受任何約束，這就是霍布斯所講的自由。在自然狀態中，人不但是自由，也是平等。平等指的是人在智能和體能上都是差不多，即使是弱者，也有能力殺掉強者，例如趁他睡覺時下手，或者合謀殺掉他，所以在自然狀態中，誰也不會佔便宜。由此可見，自然狀態是一種人人處於各自為敵的戰爭狀態，充斥着欺詐和暴力。在這種狀態下，固然沒有所謂道德或不道德，也沒有法律，人只是根據自己的慾望行事。人既然不能和平共處或互相合作，文明自然也沒法出現；而人則只有活在恐懼、孤獨、貧困的原始狀態中。

❷ 自然法

幸好，人除了自然慾望之外，還有理性，所以人會思考，找出滿足慾望的最好方法，為了脫離這種對所有人都不利的原始狀態，為了實現更多的慾望，為了長遠的利益，人必須互相合作，建立社會，遵守某些規則，這就是道德的來源。

霍布斯認為，人的理性會發現一些普遍的規律，即自然法，總共有19條，那就是道德和法律的基礎，其中最重要是頭三條。第一條自然法的要點是人應該努力達致和平，因為只有在和平的環境下，人才可免於暴力的傷害，這樣就有合作的條件。第二條自然法說明為了達致和平，人會協議放棄為所欲為的自由權利。第三條自然法說明人必須遵守訂定的契約，換言之，道德的根據就是契約。我們可以將第三條自然法看成是最終的道德原則，至於第三

條之後的自然法，則是一些具體的道德規則。無論是自然權利和自然法，都是為了自我保存；不過，自然權利是我們的自由，而自然法則是限制我們的自由，亦只有限制人的自由，人才可以過更好的生活。

自然法

　　二千多年來，自然法在西方思想史上扮演一個很重要的角色，它是對錯的最終標準，並且被認為是理性上自明；可是，哲學家對自然法的內容卻有不同的解釋。

斯多亞學派	自然法是宇宙的理性法則，人的行為必須配合
阿奎那	自然法是上帝頒布的法則，讓人可以理解
霍布斯	自然法有 19 條，是道德和法律的基礎
洛克	自然權利來自自然法

　　國家成立的主要目的，就是要使契約生效，因為沒有制裁違反道德或法律的人，契約就沒有實質意義。換言之，國家的權力是來自人民的同意。所以霍布斯反對亞里士多德說人天生是政治的動物，因為人是透過契約來建立社會。人不像蜜蜂和螞蟻，天生就會合群，因為人會為了榮譽和尊嚴而不斷相爭，只有刀劍的盟約人才會遵守。

霍布斯的自然法（第一至第九條）

自然法	要點
第一條	**努力實現和平**
第二條	**協議放棄為所欲為的自由**
第三條	**必須遵守訂定的契約**
第四條	**不要以怨報德**
第五條	**要合群**
第六條	**要寬恕悔改者**
第七條	**懲罰不是為了報復**
第八條	**不要輕視人或仇恨人**
第九條	**要接受人生而平等**

　　霍布斯認為，這 19 條自然法又可以用一條更基本的法則來解釋，那正是孔子講的「己所不欲，勿施於人」。

❸ 君主專制

我們放棄在自然狀態中為所欲為的權利，將權力轉讓給國家，這就是國家的主權，由國家根據自然法制定法律，無論主權者是誰，都擁有絕對、永久和至高無上的權力。要注意的是，訂立契約的是人民相互之間的事，主權者不是立約的一方，所以主權者不受契約的約束，也不受法律的限制。何以國家必須擁有絕對的權力呢？霍布斯認為，由於人的自私本性，所以必須有絕對的權力，人民出於恐懼才會服從。霍布斯將國家比喻為利維坦，利維坦是聖經記載中的巨獸，人根本不能對抗這樣的巨獸，只有臣服，利維坦的意象正是絕對的恐懼。人放棄自由，服從國家，得到的是安全的保障。

雖然霍布斯主張國家擁有絕對的權力，但不一定是君主制，因為主權也可以屬於議會。當然，事實上霍布斯是主張君主制，他認為君主制最能保障安全，因為第一，主權者利益跟公益一致，君主的富強榮譽是由人民的富強榮譽而來；第二，政策能夠有效執行，政策由君主一人決定，既省時有效又一致，不像議會，議員常因利益衝突而致意見不一。

霍布斯主張君主專制，但反對君權神授，除了契約這個理由之外，另一個理由就是君權神授的說法會導致一國之內有兩種權力：政權和教權，某個意義下講，英國內戰就是這兩種權力的衝突，而整個中世紀其實也是政權與教權之爭的歷史，《利維坦》有很大的篇幅是討論政權與教權的問題。雖然霍布斯是唯物論者，但並不反對宗教，他反而認為宗教信仰有維持統治的工具價值。

既然國家的權力是來自人民之間的契約，如果有人不同意的話，那又如何呢？霍布斯認為，應該少數服從多數，不服從的人要被放逐，契約一旦達

成，也會延續到後代。主權既然是永久，也即是不容推翻，這裏霍布斯似乎是在譴責當時的革命。但霍布斯又說，如果國家不能保障人民安全的話，人民可以選擇不服從，改投另一個主權，究竟他是指人民有權離開，投奔另一個國家，還是指人民有權推翻政府呢？如果是後者的話，似乎又跟主權是絕對和永久之說有衝突。

❹ 對霍布斯的批評

對霍布斯的批評有很多，以下主要涉及他對道德和人性的看法，及其君主專制的問題。

對霍布斯來說，道德有着重要的功能，就是維持社會秩序。沒有道德的規範，人就會在自然狀態中互相爭奪和殺害，這對誰都沒有好處，於是人會運用理性，訂下一些協議（即道德規範），讓大家在安全的環境下互相合作，實現個人的更大利益，道德的根據就是契約。

但問題是，如果道德只是一種協議，真正的目的是自利的話；那麼當我們違反道德可以獲得更大的利益，又確保沒有被人發現的話，我們為什麼還要遵守道德呢？就像柏拉圖《共和國》一書中牧羊人的故事，牧羊人無意中得到一隻可以令人隱形的指環，於是就起了惡念，利用指環的力量，引誘皇后，謀害國王，奪取其王位。人的本性是自私自利，但由於有外在的制裁，才不敢妄動；然而，一旦有方法避開制裁的話，人的慾望就會爆發。

雖然很多人會認同霍布斯對道德的解釋，而事實上道德也有維持社會秩序的功能；但如果道德只是一種實現個人利益的工具，就不能解釋那些捨己為人的行為，我們也不會讚賞這些行為。由此可見，道德除了維持社會秩序

之外，還有更積極的意義。霍布斯只看到道德的工具價值，這是受其人性論的局限，不明白道德的自強意義。即使人的行為是受情感和慾望所推動，但人的情感也不完全是卑劣的，也有高尚的一面，霍布斯以為人性是自私自利這個結論不過是以偏概全罷。

　　既然霍布斯認為人性是自私自利，但君主不一樣是人嗎？君主擁有絕大的權力，又不受道德和法律的限制，那不是很容易產生暴君嗎？但霍布斯認為，即使被暴君統治，也好過生活在人人為敵的自然狀態。霍布斯的問題跟韓非一樣，是受到當時現實環境所局限。韓非生活於戰爭頻繁的戰國時代，所以他認為只有建立君主集權，才能夠維持社會秩序；而霍布斯則經歷英國內戰，對國家滅亡之危深感恐懼，太過重視現實令他們只看到君主專制這條出路。然而，以為只可以在君主專制和自然狀態兩者選擇其一，在思方學上正犯了假兩難的謬誤。

假兩難

不是朋友，便是敵人！

　　假兩難就是指或言命題中的兩個選項不是排斥，或者不是窮盡，假兩難的經典例子是 911 之後布殊在電視上的講話：「所有國家都要作出抉擇，若不站在美國這邊，就是站在恐怖分子那邊！」

　　但假兩難亦可以陳構成以下的對確論證形式：

A 或者 B

非 A
　　　　　　　　　　} 前提

因此，B
　　　　　　　　　　} 結論

我們要指出的是，第一個前提「A 或者 B」並非窮盡或排斥。

　　也許在戰亂的時代，我們的確需要一個強權的國家才能夠生存，但權力高度集中又必然會出現濫權和腐化，權力制衡才是更加重要的問題。霍布斯提出國家權力來自人民的同意，這是他的貢獻；但權力制衡和政權轉移的問題，則要交給更偉大的洛克來處理。

2 洛克

洛克（John Locke, 1632-1704）比霍布斯年輕 44 年，他不但是傑出的哲學家，更是一個非常重要的政治改革者，其權利思想對以後西方三百年的政治發展有着深遠的影響，更被譽為自由主義的始祖。

查理二世復辟之後，跟國會總算相安無事，但其繼位人詹姆斯二世則想將權力凌駕國會之上，並重建天主教的權威，又堅持君權神授說。革新派的沙特福爵士因反對查理二世繼位，被逐出英國，而當時洛克任職沙特福爵士的秘書，也跟隨爵士出走，流亡荷蘭。沙特福爵士負責英國殖民的工作，由開墾到政府的建立，也可以比擬為由自然狀態經契約進入國家狀態，這些實際的經驗都給予洛克很大的啟發。

詹姆斯二世的專制統治引起各階層的強烈不滿，1688 年國會邀請詹姆斯二世的女兒，信奉新教的瑪麗王后回國執政，期間沒有遭遇任何反抗，詹姆斯二世則流亡法國，這場不流血的革命稱為光榮革命。而洛克也隨瑪麗王后返回英國，兩年後發表他的重要作品《政府二論》，這本書可以說是為光榮革命及稍後通過的權利法案提供理據，從此英國就走上民主憲政之路。

權利法案的重點

權利法案的精神在於限制國王的權力，增加國會的權力和人民的權利，使代議政制、政黨政治和內閣制得以確立。

國王	必須隸屬英國國教會，無權更改法律，不得干涉議員的言論自由
國會	國家要徵稅及設常備軍，必須得到國會的同意
人民	有請願的權利，國家要設立公正的陪審團及冤獄賠償

除了是自由主義的始祖，洛克也是英國經驗主義的奠基者，其代表作是《人類悟性論》。經驗主義雖然是知識論的主張，但也隱含着民主的精神。經驗主義主張一切知識都是來自我們的感官經驗，知識就是經驗的累積，但個人經驗有限，也可能出錯，所以必須參考其他人的經驗，互補長短，這正好體現出自由平等的精神。恰巧的是，先驗哲學往往是有礙民主的發展，例如柏拉圖的理型論和傳統儒家的道德形上學。

❶ 基本權利

君權神授及其反駁

當時英國議會有兩大黨派，輝格黨和托利黨，前者是改革派，後者是保皇派。托利黨主張君權神授，君主擁有絕對的權力，托利黨的費爾默於1680年出版了《父權論》，為君權神授提出理論根據。

	費爾默的主張	洛克的反駁
君權神授	上帝最初授權阿當統治世界，這個授權一直延續到以後的各國君主	猶太民族的統治幾度中斷，根本不能證實現存國家的君主是阿當統治權的合法繼承
政權即父權	將人民看成是君主的子女，是自然的關係	將政權當作父權實屬不當，因為家長的權威是有時限的，當子女成長就不受管轄，而且不會延續到子女的生命和財產；但政權卻不同，它需要保障人民的生命和財產。政權是人為，不是自然的

　　洛克跟霍布斯一樣，也是從自然狀態，自然法和自然權利開始建立自己的理論；但對於這三個概念卻有着不同的解釋。洛克認為，人在自然狀態中並非如霍布斯所言，是處於互相為敵的戰爭狀態；相反，人過着和平的生活，因為人是理性的存在，明白自然法。而自然法則是上帝頒布的法則，不得傷害他人的生命、自由和財產；至於自然權利，不過是自然法的另一種表達方式。洛克主張人人生而平等，上帝為了使人實踐責任，賦予人類三種基本權利，那就是「生命」、「自由」和「財產」，這些權利既不可以轉讓，也不可以被奪去。要注意的是，洛克所講的自然權利已有道德上的意義，因為違反人的自然權利，傷害他人生命、自由和財產的行為就是不道德；但霍布斯講的自然權利只不過是為所欲為的自由，並沒有任何道德意義。由此可見，道德規範已經存在於洛克的自然狀態。洛克認為在自然狀態中，人是自由平等，指的就是人人都擁有基本權利，誰也不可以支配誰。

《政府二論》的結構

政府二論
- 首論：反駁君權神授說
- 次論：提出成立政府的正面主張

當有人侵犯我們這些基本權利時，人就有權去追討及懲罰侵犯者。不過，若每一次都要親力親為去維護自己的權利就會費時失事，而在理解自然法和如何執行懲罰時，大家可能有解釋上的差異，由於種種的不便，我們需要一個有公權力的機構代為執行，於是我們將這個權力轉讓給政府，讓政府執行懲罰。但要注意的是，我們只是轉讓了解釋和執行的權力，並不像霍布斯，放棄了所有自然權利。而事實上，根據定義，基本權利是不能轉讓，也不能放棄。

宗教改革背後的自由和平等精神

宗教改革家如路德和加爾文等強調信仰自由，及上帝面前人人平等，批評天主教的階級制度（如教皇、主教和神父）；但在政治方面，他們主張服從君主。然而，一旦肯定了自由平等的價值，則勢必提出政治上的同等訴求。某個意義下講，英國的新教徒革命，也正是自由平等的精神的體現。

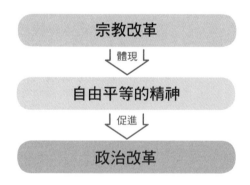

　　洛克用上帝的旨意來證立基本權利，對於非教徒來説，這種説法實有欠説服力，後來啟蒙運動的哲學家為擺脱權利的宗教色彩，強調自然權利是與生俱來，不是上帝、也不是國家所給予，法國大革命的〈人權及公民權宣言〉就是如此宣稱。20 世紀對權利的理據又有不同的看法，在聯合國的〈世界人權宣言〉中，已沒有用自然權利的這個名稱，改以「人權」稱之，它的根據就是人的尊嚴（可將人權宣言第 1 條解釋為這個意思），人權正是尊嚴得到保障的必要的條件。為什麼人權可以保障人的尊嚴呢？因為權利是一種「合理的索取」，擁有權利的是索取的一方，被索取的一方就必須有某種義務。就以「生命權利」為例，如果我擁有生命權利的話，其他人就有義務不傷害我的生命。

權利的證立問題

　　説權利與生俱來就是將它看成事實判斷，但「人有基本權利」的真正意思是「人應該擁有基本權利」，是價值判斷，沒有任何經驗證據證明它是真或假，我們必須提出理由來支持或反對，它本身並非不證自明，所以這種自然權利的説法是混淆了事實判斷和價值判斷。

17 世紀	洛克	自然權利是上帝賦予
18 世紀	法國大革命的〈人權及公民權宣言〉	自然權利是與生俱來，不證自明
20 世紀	聯合國的〈世界人權宣言〉	人權是尊嚴的保證

❷ 勞動產權論

　　洛克思想中一個重要成分就是他的產權理論，他也是第一個哲學家將經濟問題引入哲學的討論。雖然霍布斯的自然法是道德的根據，但並不包含財產權，人民的財產權是由君主制訂有關法律才可以生效，但君主也可以制訂侵害人民財產的法律。不過，即使是馬基維利，也告誡君主，不可以侵犯人民的財產，否則人民必起來反抗。對洛克來說，財產權則是我們的基本權利，它是先於國家而存在。

　　洛克認為，萬物是上帝創造出來給人類的，所以萬物也是由人類共同享有，由於人有生存權利，生存就必須消耗這些物質，問題是，如何將公有的東西變為私有呢？這正是洛克產權理論所提出的問題，究竟我們如何擁有一些原本不屬於任何人的東西呢？比如說土地，洛克參考美國殖民的經驗，認為加上勞力（勞力屬於私人）因素，如在土地上耕種，增加它的價值，就可以佔有這塊土地。這就是洛克有名的勞動引致產權的理論。

　　洛克的產權理論遭到很多批評，例如說加入勞力就可佔有土地，但只在土地上行走算不算加入勞力呢？如果加入勞力是指使土地產生某些成果的話，那為什麼我們不只佔有成果，還可佔有土地呢？不過，正如孟子所說，「無恆產則無恆心」，要鼓勵人努力工作，私有制的確很有效，而將產權視為基本權利，則能有效保障私有制。

產權與繁榮

產權

↓ 保障 ↓

私有制

↓ 導致 ↓

社會繁榮

　　洛克以開拓美國的土地為根據，指出資源並不如霍布斯所言那麼稀少，土地多的是。當然，當人口愈來愈多，資源就會相對減少；但對於自然狀態的人來說，資源還是相當充裕的。當貨幣使用之後，財富的累積成為可能，因為農作物會腐爛，金錢卻不會。金錢累積會產生財富不均，帶來經濟不平等。但洛克認為，這種不平等是一種必要的惡，因為貨幣的自由流通可以帶來創造和繁榮。

自然狀態的兩個階段

第一個階段	人雖然互相合作，但獲取的僅限於生活必需品
第二個階段	貨幣出現，財富累積成為可能

　　對洛克來說，自然狀態並不是原始狀態，雖然未有公權力的政府存在，但它已經是有道德約束和經濟關係的社會。

❸ 分權制度

　　洛克稱政府或國家為「必要的惡」，因為政府權力愈大，就愈有機會傷害我們的基本權利，所以我們必須限制政府的權力。為了限制政府的權力，洛克主張立法、行政、外交三權分立，讓三者互相制衡。表面上看，跟我們今天講的立法、行政和司法三權分立（這是法國哲學家孟德斯鳩的區分）不同；但其實兩者的差異並不是太大，因為當時洛克所講的「行政權」包含了我們今天講的司法權，而「外交權」也包含了我們今天講的部分行政權。雖然洛克未能在議會和政府之外將司法權獨立出來，但主張立法獨立於行政已經是非常重要的觀點，也不枉被稱為現代分權制度之父。

洛克的三權分立

　　嚴格來說，洛克的三權分立其實只是兩權制衡，因為行政和外交權同屬於政府，司法並未完全獨立，不過任命獨立法官的權力在於議會，不是政府。

權力	內容	屬於
立法	制定法律的權力	人民
行政	執行法律的權力，相當於今天的司法權	政府
外交	宣戰、講和、定立盟約和處理國內的事務，相當於今天的行政權	

　　三權之中，以立法權最重要，只有立法權屬於人民，法律才能有效保障人民的基本權利。但人民數目眾多，所以必須選舉代表作決定，這就是代議政制。除了人民有權參與法律的制訂之外，若統治者也是由人民選舉出來的話，則更有效保障人民的基本權利，這正是近代民主政治的發展方向。

英國政制的發展

　　光榮革命之後，議會的權力增加，君主的權力受到限制，後來完全演變為議會制，今天所講的行政權已不再屬於君主，而是授予給首相和內閣，首相名義上是由君主任命，但實際是由議會選舉出來。

君主制

↓

首相內閣制

　　政府是受人民委託來執行法律，換言之，政府的權力來自人民的同意，政府跟人民達成契約，主要責任就是保障人民的基本權利，如果政府不能保障人民的基本權利，甚至侵害它，人民就有權推翻這個政府，因為政府違反了契約。當然，主張人民有權反抗暴政的思想早於洛克之前就已經存在，例如中世紀哲學家阿奎那就有這種思想，中國的孟子也有「聞誅一獨夫，未聞弒其君」的說法。但對於人民有什麼權利，國家濫用權力到哪種程度才可以反抗，就不如洛克說明得那麼清楚了。

洛克的兩張契約

嚴格來說，洛克的契約論有兩張契約，一張是人民之間的契約，大家同意組織政府，成立國家；另一張則是人民和政府之間的契約，政府的職責是保障我們的基本權利。

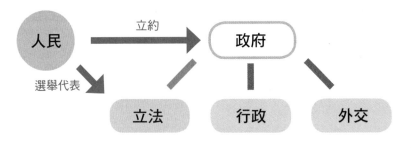

❹ 洛克的貢獻

洛克的思想對當時英國的光榮革命（1688年）和稍後通過的權利法案，提供了理論的基礎。他的思想不但改變英國政治制度的發展，也對後來的美國的《獨立宣言》（1776年）和法國大革命（1789年）產生深遠的影響。就以美國的《獨立宣言》為例，有關基本權利那部分，幾乎是洛克思想的翻版，宣言說：「人人生而平等，造物主賦予人們一些不可轉讓的權利，包括生命、自由和追求幸福」，其中只有一項不同，就是用追求幸福來代替財產權利。法國方面，孟德斯鳩根據洛克的分權制度，提倡立法、行政和司法的三權分立。而伏爾泰和盧梭則用洛克的理論來對抗王權，為法國大革命作好準備。

當然，洛克的最大貢獻就是提出基本權利的思想，為近代民主政治奠定基礎。今天我們所講的權利已經大大擴展，例如有受教育的權利、工作的權

利、私隱權、知情權等等。當我們回顧人類的歷史，有很多苦難都是人為的，大部分都是來自暴君、專制、極權和獨裁政府對人民的傷害，試想中國過去的皇帝，只要一句話，就可以誅九族，殺害很多無辜的人。我們不妨將「人權」的出現和發展，看成是防止人類惡行的產物。雖然說洛克是人權思想的始祖，但其實英國早於 1215 年，已出現《大憲章》，對君權作出限制，可以說是「人權」的覺醒。又例如二次大戰時納粹的暴行，促使戰後成立的聯合國，草擬並發表〈世界人權宣言〉。人要活得有尊嚴，就要免除對人的不必要傷害（人為）；要免除這些傷害，就要「基本人權」得到保障。例如有了言論自由的權利，以言入罪和文字獄就不會歷史重演。

雖然洛克和霍布斯都是從自然狀態出發，建立自己的契約論，但結論卻大大不同，一個是近代民主的先驅，另一個則是極權專制的擁護者。追根究底，這是源於兩者對人性，及自由平等的觀念不同。雖然洛克在書中並未提及霍布斯的名字，但他沒有可能不認識霍布斯的思想，而洛克這句話「人是如此愚昧，小心翼翼不讓鼬鼠或狐狸傷害自己，卻甘心情願被獅子吞噬，還以為很安全」，正好用來批評霍布斯主張的極權專制。

霍布斯 VS 洛克

	霍布斯	洛克
自然狀態	人處於戰爭的狀態，有為所欲為的自由	人享有上帝賦予的基本權利，有權懲罰侵害自己權利的人
自然法	來自人的理性	來自上帝
國家成立的理據	人訂立自然法，賦予國家權力，制裁違反道德和法律的人，政府不是立約的一方	我們將懲罰權轉讓給國家，讓國家保障我們的基本權利，政府是立約的一方
國家體制	贊成君主制，反對君權神授	贊成代議政制，反對君權神授

3 | 盧梭

　　如果説洛克的權利理論為西方近代民主奠定了基礎，而盧梭（Jean-Jacques Rousseau,1712-1778）則進一步為民主政治建立相關的原則，兩人皆可視為民主之父。相比之下，洛克和霍布斯的理論邏輯分明，前後一致；而盧梭則較為感性，思想充滿矛盾，既有個人主義的色彩，也有集體主義的影子，更有無政府主義的成分。這一方面固然是其個性使然，另一方面恐怕是跟他所處身的年代有關。盧梭生於 18 世紀的法國，貴族和教會這些上層階級享有很多特權，比如説教會擁有全國五分之一的土地，卻不用繳税，負擔主要落在農民身上，國王和貴族則過着奢侈的生活，人民在種種壓迫下根本透不過氣來，革命一觸即發。如果説英國的革命是新教的勝利，那其實不過是貴族和新興的中產階級要奪取政權，獲得更大的政治和經濟利益；但法國的革命卻不同，是中產階級聯同低下階層反抗上層階層，比之英國的革命更激進，更見其「民主」色彩。

　　在政治思想方面，盧梭有兩部主要作品，〈論人類不平等的起源〉（1755）是一篇論文，另一部則是影響深遠的《社會契約論》（1762）。盧梭在《社會契約論》的開場白是「人生而自由，卻處處在枷鎖當中」，枷鎖指的是國家對我們的限制，既然我們本身是自由，誰也不可以支配誰，為什麼要成立國家，受其統治呢？盧梭要探討的也正是，國家統治權力的合理性。

《社會契約論》的結構

第一卷	探討從自然狀態過渡國家的成立
第二卷	探討如何立法
第三卷	探討政府的不同形態
第四卷	探討鞏固國家體制的方法

盧梭的其他著作

盧梭是一個多才多藝的人，也曾作曲。除了政治思想外，還有以下兩本代表作。

1762 年	《愛彌兒》	這是一部有關教育的名著，盧梭認為學習應該是愉快的，這樣才可以引發學習的動機，他主張回歸自然，在自然環境中學習，減少人為的干預，並順着兒童的本性來教導
1782 年	《懺悔錄》	這是盧梭的自傳，對自己的生活進行深刻的反省，是了解盧梭的重要文本

❶ 自然狀態

　　盧梭跟霍布斯和洛克一樣，也是從自然狀態出發，經契約而成立國家。但三人對自然狀態的描述都不同，其中以盧梭的描述最具吸引力。霍布斯認為人性自私自利，在自然狀態中，人是各自為敵，活在孤獨和恐懼之中；相反，洛克認為在自然狀態中，人受到自然法的規範，過着理性、和平和合作的生活。某個意義下，盧梭對自然狀態的描述是界乎兩者之間，人是自利，卻不自私，人只關心自己的利益，但對其他人也有着天生的同情心，所以不致於傷害他人，人雖是孤獨地生活，卻是自由自在，快樂而滿足。盧梭稱之為人性本善，但這種人性本善跟儒家的性善論不同，反而接近道家對人性的看法，人的自然本性是質樸。人雖然有慾望，但當下慾望滿足後就不會不斷追求下去，也沒有名利之心。

三種自然狀態

	人性	處境
霍布斯	自私自利	孤獨，恐懼，人人為敵的戰爭狀態
洛克	合群，有正義感	理性，合作，和平的狀態
盧梭	自保，有同情心	獨來獨往，自由自在的狀態

　　盧梭認為，人在自然狀態中是最美好的，文明的出現只會令人墮落。首先，家庭和私有財產出現，人的自私之心擴大，同情之心減少，就會做出損人利己的事，對他人產生嫉妒和憎恨的心理。後來國家出現，私有財產受到法律的保護，貧富差距愈來愈大，富有者壓迫貧窮者，不平等也愈來愈嚴重，最終導致革命。有了國家，文明雖然得到進一步的發展，產生了科學和藝術，但它們正是令人類墮落的幫凶，科學和藝術愈進步，人類的道德就愈差，因為科學是建立在貪慾之上，而藝術則出於矯飾和虛偽。對盧梭來說，霍布斯所講的人性自私自利，只不過是文明社會的寫照。

盧梭自然狀態的發展

　　霍布斯的自然狀態並沒有階段，由自然狀態經契約就進入文明社會，但洛克和盧梭所講的自然狀態皆有階段性。要注意的是，盧梭認為家庭也是經契約而產生。

 第一階段　人無拘無束約地生活，是人類的黃金時代

 第二階段　有了家庭和私有財產，社會出現，人變得自私

第三階段　國家出現，自然狀態結束，私有財產受法律保護，文明愈發展，人類愈墮落

這是我的

❷ 公共意志

　　雖然自然狀態是人類的美好時代，但已經一去不返，我們也沒有可能生活在自然狀態，我們需要國家的保護才可以生存，問題是，我們需要的是怎麼樣的國家呢？不錯，國家是由契約而產生，但契約的內容不同，就造就不同的政體。霍布斯的契約將人民所有自然權利轉讓給國家，使國家的權力不受限制，人民一旦交出了權力，就不可以收回，那當然就是極權專制的國家。

三種契約

	立約者	政府的角色
霍布斯	人民相互之間	政府是主權者，人民沒有權罷免政府
洛克	人民與政府	當政府失信，人民可以解約
盧梭	個別人民與公共意志	人民是主權者，政府不過是人民委託辦事，辦事不力可撤換

　　盧梭思考的問題是，交出了自由之後，我們需要服從國家，又如何確保人民的自由受到保障？答案是，國家的主權是由人民的意志所組成，此為公共意志，我們服從國家，也即是服從自己，所以也是自由的。主權最重要的是立法的權力，我們服從自己所訂立的法律，所以立法必須大家一起參與。成立國家需要全體成員一致同意，至於立法，則是少數服從多數。

盧梭認為意志是不能代表的，所以反對代議政制，主張直接民主，這是盧梭所講的主權在民，也是有別於洛克的地方。

但我們如何知道某個決定是符合公共意志呢？盧梭解釋，公共意志是根據公共利益而作決定，公共利益也正是當初我們為什麼由自然狀態進入國家的原因，但公共意志不一定等同於眾人的意志，眾人意志不過是個別意志相加的結果，個人的決定往往是根據自己的利益。盧梭也反對政黨政治，因為政黨只為個別團體的利益，團體之間也常出現利益上的衝突，這樣會妨礙公共意志的形成。為了達致公共意志，盧梭也主張消除階級的差別，特別是貧富的差距，因為階級差別愈大，階級之間的利益衝突也愈大，也愈難產生公共意志。

達成公共意志的途徑

公民大會的作用是透過表決來產生公共意志，但盧梭卻反對冗長的討論，寧可訴諸立法者的協助。

公共意志

從公共利益角度思考	立法者的引導	消除階級的差距	大量人數參加

　　未作表決之前，我們需要對有關事項作出商議，並且要從公共利益的角度來考慮，也需要立法者的引導。在討論的時候，我們可以先將對立的主張拿掉，尋找大家的共識。當然，到最後都要採用多數決，即少數服從多數的方法。假如議決的問題只是立法與否，又假設只有一個符合公共利益；那麼，就有二分之一機會得到正確的決定，加上資訊流通和理性議論，又有大量人數參與決定的話，那表決的結果就有多過二分一機會得到正確的決定。

　　公共意志具有強制力，不贊成的人也得服從，此所謂強迫的自由，這也是盧梭思想中常遭人詬病的地方，為了達成公共利益而犧牲少數人的自由和權利。

❸ 國家的體制

　　盧梭認為立法必須全民參與，這才確保法律是由自己訂立，也是主權在民的真諦。由於需要全民參與，所國家不能太大，必須是小國寡民，但在今天資訊發達及擁有互聯網的社會，大大增加了全民參與的可能性。雖然人民擁有立法權，但在實際立法時候，卻又需要立法者的指導，立法者近乎完人，他具備相干的學識，了解人的內心和性格，關心人民的福祉，不會結黨營私，並能洞悉未來的方向。盧梭的立法者會令人想起柏拉圖《法律》一書所講的法律制定者，但立法者只是引導的角色，負責起草法案，並不具有實權或投票權。

　　由於主權不可分割，所以盧梭反對三權分立，主張立法權凌駕於其他權力。立法是國家的意志，這屬於人民，但執行則需要委託一個組織，那就是政府，這才是國家的力量。但政府不是由契約而成，而是根據人民所制訂的法律所組成，政府官員，即使是首長，也不過是人民的公僕，如果政府辦事

不力，人民有權罷免官員。所以，人民必須定期集會，檢討現存的政府有何問題，又是否繼續委託行政權給此政府。

政府如何組織，才是政體區分的標準。如果行政權委託給一個人，那就是君主政體（非世襲）；如果是少部分人，那就是貴族政體；若是多數人或所有人，那就是民主政體（這接近古希臘所講的民主政體，由人民輪流執政）。盧梭認為，沒有所謂最理想的政體，採用哪種政體要視乎領土的大小和人口的多寡，大國適宜用君主政體，中國則用貴族政體，小國就用民主政體。盧梭將主權者與政體分開而論有其獨到之處，但卻潛在一個矛盾，一方面盧梭說主權者是人民，而主權不可分割，必須全民參與立法，但另一方面又說全民大會只適用於小國；那麼，是否表示主權在民就不適用於大國呢？

但其實盧梭是傾向於貴族政體，由人民投票選出少部分精英來執政，這又跟柏拉圖的哲王有相似之處，就是由最有資格的人來治理國家。除此之外，盧梭又建議設立監察官，作用是審視反社會行為，這令人想起審查制度。為了使人民從公共利益的角度來思考和行動，盧梭主張公民教育，培養人民的道德情操；又提倡公民宗教，每一個公民都要信奉宗教，利用宗教提高公民的道德。雖然盧梭主張宗教寬容，但不容忍不寬容的宗教。

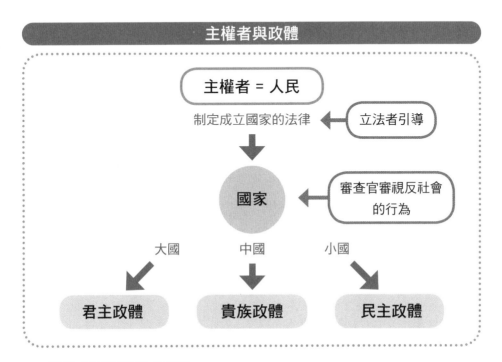

❹ 盧梭的影響及評價

　　拿坡倫說：「沒有盧梭，就沒有法國大革命」，雖然有點言過其實，盧梭死後 11 年法國大革命才出現，但盧梭的思想的確對法國大革命有催生的作用，盧梭認為主權在民，政府不過是人民委託來保障我們的自由及各種權利，提升公共利益，如果政府辦不到，人民有權罷免政府，這樣思想當然可以為革命提供理據，《社會契約論》也正是法國大革命的聖經。

　　但法國大革命之後的政治改革並不是完全依照盧梭的思想進行，也許這是盧梭思想中不能應用的地方，例如盧梭認為意志不能代表，所以反對代議政制，但在法國大革命的〈人權及公民權宣言〉中，人民是可以透過代表來

立法；又例如盧梭認為主權不可以分割，所以反對三權分立，而〈人權及公民權宣言〉則將主權界定為制定憲法的權力，屬於人民，而立法，行政和司法三權則是憲法所設置的權力，分別屬於議會、君主及法官，由人民委任，制定憲法的權力與三權處於不同的層次。

法國大革命的人權宣言

1789 年法國大革命所發表〈人權及公民權宣言〉，可以說是美國獨立革命人權宣言的確認，以下幾條比較重要。

第一條	人生而自由平等
第四條	給自由下消極的定義，在不傷害他人的情況下，人有自由做任何事
第六條	法律是公共意志的體現，人在法律上平等
第十三條	人在經濟上平等
第十七條	財產為人的基本權利

盧梭理論最大的爭議就是其公共意志，我們真的可以確定這是公共意志嗎？極權國家也是用所謂公共意志或國家利益來壓制人民，例如希特勒的納粹黨和史太林的共產黨。但我並不是說公共意志毫無意義，現代民主國家遇上有重大爭議性的問題，亦會用公投來決定，這正是公共意志的表達。不過，現代社會是一個多元社會，差異性更受關注，跟盧梭同質性強的社會似乎格格不入。當然，公共利益是存在的，例如香港近年飽受垃圾問題的困擾，興建焚化爐或堆填區就符合公共利益，可是誰也不想焚化爐和堆填區建在自己

居住的地方附近，這正是公共利益和個人利益之間的衝突。有時公共利益也是難以判定，例如發展經濟和環境保護，兩者經常出現衝突。

　　盧梭認為人在自然狀態是自由的，進入國家之後，我們服從自己所訂立的法律，所以也是自由；但兩個自由的意思卻不同，前者是指沒有任何人為限制的自由，但後者則是指人過着理智的生活，不受慾望的束縛，可稱為自主的自由。為了事事從公共利益的角度來考慮，盧梭認為應該透過教育來培養人民的愛國心，甚至提倡公民宗教，借宗教來團結人民，但國家一旦這樣做，就等於倡議某種理想的生活方式，並強迫人民接受，這跟洛克開創的自由主義不同，為了整體而犧牲個人的自由（消極），而盧梭所強調的自由（積極），則容易導致極權專制的政府。為了達致公共意志而消滅階級的差距，看來盧梭是重視平等多過自由。

4 結語

　　契約論的精神在於國家的權力是來自人民的同意，其實這種精神早就見於蘇格拉底和柏拉圖的思想中。蘇格拉底寧願飲毒酒而死，也不願違反法律，他認為如果你不同意當地的法律，就應該離開，不離開就是默認，所以應該遵守法律。柏拉圖在《法律》一書也說過，「要依法統治自願被統治的人民，而不是強迫的統治」。

　　洛克等人的契約論都是以自然狀態為起點，究竟歷史上是否真的存在他們所講的自然狀態呢？哪一個才是真相呢？如果說歷史上真的出現過這樣的契約，似乎欠充分的證據。不過，我們可以將自然狀態當成是思想實驗，用來交待政權的合理性。要證明國家存在的必要性，最好就是假設它不存在，看看有什麼後果，而自然狀態正好提供一個思想實驗的空間。試想像身處自然狀態之中，究竟你會簽哪一種契約呢？但問題是，選擇哪種契約又決定於自然狀態的實況，在三種自然狀態的論述中，我比較認同盧梭的說法。簽訂契約的目的就是獲利，而我認為最有利的就是洛克那張契約，因為基本權利得到保障。但洛克的問題是如何證立這些基本權利，我認為 20 世紀的政治哲學家洛爾斯處理得比較好，洛爾斯的理論會在第五章詳細討論。簡單來說，洛爾斯所講的原初境況就好比自然狀態，而原初境況的設定就是要提供一個公平的環境，讓大家商議進入社會之後我們該得到什麼自由權利。這樣，自由權利就是大家在公平情況下同意的結果。自然狀態之說正好反駁無政府主義，因為它可以「證明」有國家比沒有國家好。

哪張契約最好？

　　如果國家的統治要得到人民的同意，那恐怕大部分人尚未能表達這個意願就已經被國家統治，除非你是移民，在入籍的時候作出宣誓。雖然如此，人民有權投票選出執政者也可以說是這種精神的體現。若真的不同意現在的政權，正如蘇格拉底所說，你可以離開；但似乎只適用於自由的國家，在某些專制極權的國家，根本就沒有離開的自由。即使有移民的自由，也不是那麼容易離開，經濟因素和語言能力都很重要，結果是真的可以離開的人只是少數。我們也可以反過來看，如果政權得不到人民的認同，就要倒台，契約論正好提出政權轉移的理據。

　　最後說些題外話，當時言論沒有現在那麼自由，很多作者都是匿名出書，

以免遭受政治或宗教的迫害，但霍布斯和盧梭卻是用真名，而事實上，他們都遭到不同程度的迫害，霍布斯的唯物論思想受到宗教的攻擊，而盧梭的思想由於有煽動性，更被法國政府通緝，要四處逃亡。但有點奇怪的是，洛克卻是以匿名出書，他的《政府二論》是在光榮革命後兩年才出版，照理他應該沒有生命危險，也許他想讀者不知其身份，就可以對此書作出公正的評價。那麼，霍布斯明知以真名出書會有危險，想必是為了追求名聲；至於盧梭，不就是其個人主義，不畏強權的表現嗎？

第三章

民主
最好的政治制度？

民主不是什麼好東西，
但它是我們目前為止最好的政治制度

——邱吉爾

　　正如第二章所說，西方社會經歷了三次重要的政治革命，分別是英國光榮革命，美國獨立革命及法國大革命，之後逐步發展出今天的民主制度。而 20 世紀則可謂民主政治的勝利，那些極權專制的政權紛紛倒台。首先是傳統世襲的君主制和貴族制，接着是兩次世界大戰時出現的法西斯主義和納粹主義，最後是「鐵幕」的瓦解。雖然愈來愈多的民主國家誕生，但其實全球還有一半以上的國家是非民主的。不過，有人就認為民主是人類政治制度的終極形式，那些非民主的國家遲早都會演變成民主的。

　　今天民主代表一種正面的價值，連那些不民主的國家也拼命說自己是民主，以裝飾門面。例如列寧就宣稱蘇聯比最民主的資產階級政府還要民主一百萬倍；二次世界大戰後德國分裂為東德和西德，蘇聯給東德命名為「德意志民主共和國」，而西德則取名為「德意志聯邦共和國」，雖然名稱上東德有「民主」二字，而西德卻沒有，但誰都知道究竟哪個才是真正民主的國家。然而，在民主的發源地古希臘，卻有不少哲學家反對民主政治，直到 18 世紀，民主還是一個有負面意含的字眼。不過，亦有學者認為古希臘的民主，跟現代民主是兩碼子的事，兩者相距了兩千年，根本沒有任何關聯。

　　本章主要討論兩個問題，一個是「民主是什麼？」，另一個是「為什麼需要民主？」前者是定義的問題，也涉及古希臘民主和現代民主的異同；後者則是價值的問題，也關聯到民主是否最好的政治制度。此外，我們還會討論對民主制度的批評，及民主的展望。

1 什麼是民主？

　　「民主」跟「自由」、「平等」及「公正」這些概念一樣，本質上有爭議性，不單是因為它有多個不同的意思，而且大家還會爭論哪個才是真正的「民主」。當然，民主有其核心的意義，不可能隨意使用「民主」這個詞，否則我們就分辨不出民主和非民主的國家，就連北韓這樣世襲的極權專制國家也宣稱自己是民主，因為她的領導人也是由人民一人一票選出來的，不過她永遠只有一個候選人，人民連結社的自由也沒有，怎可以稱為「民主」呢？

　　「民主」的英文是 democracy，它是由兩個希臘字「demos」和「kratos」所組成，前者的意思是「人民」，後者的意思是「統治」，兩者合起來就是「人民統治」。我認為民主的核心意義正是「主權在民」，古希臘民主和現代民主都是「主權在民」的不同體現（古希臘時代「主權」這個概念並未清晰），以下我會簡稱古希臘民主為古代民主。至於蘇聯宣稱自己也是民主的國家，是因為共產主義政權最初出現的時候是得到人民的擁戴，是代表人民的政權。即使革命的時候得到人民的支持，但這樣的支持不是永久的，如果一位女士因為某位男士對她說過「我愛你」，就以為這種愛可以維持一生一世，那就未免太天真了！

林肯對民主的定義

美國人對「民主」有一個簡單的了解，就是「民有、民治、民享」，那是來自林肯於 1863 年的演說。

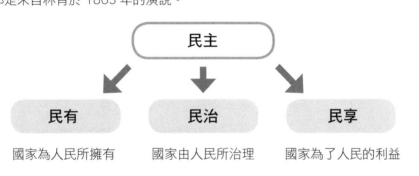

民主

↓   ↓   ↓

民有   **民治**   **民享**

國家為人民所擁有   國家由人民所治理   國家為了人民的利益

❶ 古代民主

　　民主的發源地也是古希臘的城邦，其中以雅典最有代表性，至於雅典的民主政治始於何時，則有不同的說法。其中一種說法是，公元前 509 年，將軍克尼斯提尼（Cleisthenes）推翻貴族統治，頒布新憲法，實行民主政治。有人則認為雅典的民主改革始於梭倫（Solon, 638 – 558 BC），公元前 594 年，梭倫出任執政官，進行了不少政治改革，例如限制私人土地的最大面積，又增加了公民的權利，執政官由公民大會選出，法案也由公民大會表決，但貴族仍擁有很大的政治權力，因為執政官和其他高級官員必須由他們來擔任。嚴格來說，梭倫改革之後的制度並不算是民主，只是增加了民主的成分。或者可以這樣說，民主的改革始於梭倫，最後由克尼斯提尼完成；也可以將古代民主看成是一場長期階級鬥爭的結果，那是平民從貴族和富人手上爭取政治權力。

雅典民主政治的機構

政治機構	職責	成員
公民大會	通過法律、任免重要的官員、審核財務及處理重要的司法案件	凡二十歲以上的男性市民均可參加
五百人議會	此乃執行機關，也可提出法案，由公民大會表決。也有議程的決定權，及召開公民大會的權力	議員由十區以提名或抽籤的方法產生，任期 1 年，不得連任。五百人輪流擔任
執政官	處理日常行政事務，權力不大	共九人，由公民大會用抽籤的方法決定，任期 1 年
將軍會議	除了軍事，也負責外交和財政，握有實權	共十位，由十區選出，任期 1 年，可連任
平民法庭	審理普通案件	法官六千人，用抽籤方法產生，任期 1 年，分為十組，每組五百人，其餘為候補法官

　　從以上的圖表看到，除了將軍要重視才能之外，其餘公職多以抽籤的方法決定人選，也可見是平等精神的體現。將軍是握有實權的職位，而且可以連任，例如著名的伯里克里斯（Pericles, 495-429 BC）就擔任此職長達 30 年之久，這也是雅典的黃金時代；但將軍的任命是掌握在公民手上，那就可避免軍事獨裁的出現。伯里克里斯本人也是雅典民主政治的捍衛者，他在雅典跟斯巴達之戰的陣亡將士葬禮的演説中，就表明雅典民主制度的優點，比如説權力在多數人手中，就不會有獨裁的統治，治理國家可以通過討論，連窮人也可以擔任公職，體現自由和平等的精神，值得希臘的所有城邦學習。

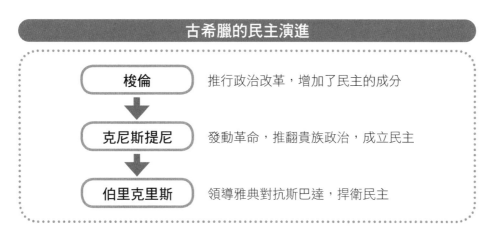

古希臘的民主演進

梭倫 　　推行政治改革，增加了民主的成分

克尼斯提尼 　　發動革命，推翻貴族政治，成立民主

伯里克里斯 　　領導雅典對抗斯巴達，捍衛民主

　　然而，隨着經濟發展，貧富差距擴大，窮人數量大大增加，他們不滿現狀，可能會演變為暴民政治；而富人為了鞏固既得利益，可能會向窮人購買選票，形成寡頭政治。這正是古代民主政治墮落的危機。

　　在古代民主的社會，並不是所有成年人都享有公民的資格，女性、奴隸和外國人都不能夠成為公民，這也是現代民主和古代民主的其中一個分別。以雅典為例，三十多萬居民中，就只有約四萬名公民。不過，這些公民卻是

積極參與政事，每年大約召開十次公民大會，而決議的法定人數是六千人，由此可見，實際的出席的人數不會少於此數，而五百人議會一年有三百日都要開會，後來更引入了有薪制度，給予議會成員和陪審員酬金，之後更給予出席公民大會的人，用以補償公民因出席會議不能正常工作的損失，確保窮人也有參政的機會。

❷ 現代民主

　　正如前面所講，現代民主源於三次政治革命，尤其是法國大革命和美國獨立革命。法國廢除了君主制，美國也脫離了英國的統治，法國和美國要思考的就是一種替代性的政治制度，可以體現出她們所追求的價值：自由、人權和平等，在這種探索的過程中，慢慢就發展出我們今天所講的民主制度。

　　理論上，現代民主跟古代民主的一個分別就是前者有着契約論和人權思想，契約論試圖證明政府的權力必須來自人民的同意，人權思想認為人生而具有某些不可轉讓的權利，政府的責任就是保障我們這些基本權利，而一個民主的政府則最稱職，因為人民有權投票選舉立法代表及行政首長。而在實踐上，古代民主有兩點不同於現代民主，第一點，古代民主多是人民直接參與管治，現代民主則是人民選舉代表代為管治；第二點，古代民主在選擇代表多是採用抽籤的方法，而現代民主則是靠投票選舉代表。還有一點不同，就是司法，古代民主的司法制度並未完全獨立，而現代民主的司法制度就完備得多。如果有人權的保障和更完善的司法制度，蘇格拉底就不會被判死刑了。

　　相比之下，公民大會最能體現「主權在民」的原則，但只適用於小團體，或像雅典這樣的城邦小國。但小國的問題就是經常受到大國的威脅，軍事上

不足以抵抗大國的入侵，雅典就先後被馬其頓帝國和羅馬帝國所征服。至於大國，根本就不可能實現直接民主，只可以採用間接民主，即代議政制，但選出來的代表又往往被上層階級的精英分子所壟斷。

古代民主 VS 現代民主

	古代民主	現代民主
公民資格	只有成年男性才是公民，奴隸和婦女都不是公民	所有成年人都是公民
參與方式	所有公民都可參加公民大會，是直接參與，議會成員則由抽籤產生	所有公民都有投票的權利，選擇代表進入議會

　　歷史上，現代民主的發展遇上很多阻力，尤其是傳統價值和既得利益者的反對。例如美國獨立宣言説所有人生而平等，都享有生命、自由及追求幸福的權利，但這跟當時的奴隸制出現衝突，要廢除奴隸制必須等待時機，後來時機成熟，但林肯還是要透過戰爭來解決，而美國南方有很多黑人要到上世紀 60 年代民權法案通過之後才有投票權。又例如法國大革命之後，其平等思想也不是立刻可以實現，只有一定財富的人才擁有投票權。英國要到 1867 年才出現改革法案，授予工人投票的權利。雖然紐西蘭早於 1893 年女性就有投票的權利，但像法國和瑞士等公認為民主的國家，則要在二之世界大戰之後女性才擁有投票權。一人一票這種制度是要肯定人的價值和權利並不是由他的出生背景、階級、種族、性別和能力來決定。

代議制與現代民主

代議制源於中世紀，那時君主發現要完成徵稅、徵兵和立法等事務，必須得到貴族、教士和居住於城市的平民支持，於是召開三級議會，由這三個階層選出代表出席議會。將選民的基礎擴大，也就成為現代民主的代議制。

古希臘：公民參與
　　　＋　　　＝　現代民主
中世紀：代議制

簡單來説，判斷一個國家是否民主有兩個主要標準，就是定期普選政府領導人，及人權得到充分保障。

判斷民主的標準

我們可以採用麥克弗森（C.B.MacPherson）在《自由主義與民主時光》一書中提出區分民主的6個標準，滿足這些條件就是一個民主的國家，反之就是不民主。

1	全民有權定期投票（直接或間接）選出政府首長及立法代表
2	有兩個或以上的政黨競選組成政府
3	人民有充分的自由，包括言論、集會、不被任意逮捕等，以確保選舉權有效使用
4	法律面前人人平等
5	人人擁有最大和相同的自由權利
6	少數人的利益受到一定程度的保障

❸ 選舉制度

　　正如前面所言，現代民主跟古代民主的主要分別是前者是間接民主，即代議制，後者則是直接民主，公民直接參與決策。當然，在行政方面，古代民主也會選舉代表，但多是用抽籤的方式，而不是投票。的確，投票是現代民主的特色，我們投票選舉代表，一種是立法代表，另一種是行政代表，並且需要定期作投票選舉，以確保代表不違反民意。還有，現代民主的選舉是競爭性的，候選人自由角逐，爭取投票者的支持，所以稱為「競選」，這點亦不同於古代民主的投票選舉。

　　從選舉制度的不同安排，現代民主也有着不同的模式。簡單來說，主要分為總統制和議會制，在總統制中，行政首長選舉與立法機構沒有關係，而且憲法賦予他很大的權力，美國就是實行總統制；至於議會制，議會可以撤換行政首長，英國就是實行議會制。

　　選舉制度的另一個重要分別就是，採用比例代表制或最高票當選制。根據比例代表制，黨派所獲得的票數的比例，跟它在立法機構所佔議席的比例相若，例如有 40% 的選票支持，就可得 40% 的議席。至於在最高票當選制的安排下，獲得最多票數的黨派，所得的議席會大幅增加，比如說每一選區獲得高票者當選，假設某黨派有最多的支持，它在每一區勝出的機會就會大增，例如有 40% 的選票支持，這是最多的票數，它就有可能獲得 60% 的議席。英國和美國都是採用最高票當選制，它有利於維持兩大黨制，有人質疑這種制度對弱小的政黨不公平；但最高票當選制有一個好處，就是獲勝的政黨可取得較多立法議席，形成有效率的政府。雖然代表制有利於多黨制，但在議會中就會形成較多的衝突，減低政府的效率。

政制的組合

	總統制	議會制
比例代表制	哥斯特尼加	加拿大
最高票當選制	美國	英國

　　究竟是總統制好，還是議會制好？是代表制好，還是最高票當選制好？並沒有一定的答案，每個國家都是因應本國的國情，歷史和文化等因素作出選擇。 以上的分類也只是方便參考，實際上還有可以有很他類型，或混合的組成，例如法國除了總統由選舉產生之外，還有由議會選出總理，對最高票當選制亦有所修改，在一個選區中，若沒有候選人能得票過半數，則需要有第二輪競選，而第一輪競選要得到一定票數者才可參加。在德國，聯邦議會有半數成員是由最高票當選制產生，另一半則由比例代表制產生。在眾多民主國家中，要算瑞士的模式最特別，它是一種集體領導，由聯邦議會選出 7 名聯邦委員會組成，原因是瑞士有着説不同語言的人民，這種集體領導正好符合他們的利益。

表決的方式

民主表決大致可分為三種

多數決	少數服從多數，不需理會數量
一定數量的多數決	要多過一定數量，例如香港立法會通過政改就要有三分之二或以上議員贊成
一致決	全體成員同意，國際條約多採用此種表決

❹ 公民參與

古代民主是直接民主，公民直接參與政治的決策，不但對國家有認同感，藉着參與也能提升個人的道德和智力。但作為一種管治模式，它的效率卻很低，因為單是容許大家發言，就要花很多時間，更不論不同意見之間的爭辯。正如前面所言，或許在一個小社區可以實行直接民主，但對於現代國家來說，根本是不可行，所以現代民主都是採用代議制。

但盧梭則認為代議制是假民主，他說：「英國人自以為是自由，但其實他們只有在選舉期間才是自由，議員選出之後，他們就是奴隸」。也許盧梭的批評有點偏激，但帶出一個重要問題，就是在代議制中，公民參與的程度很低（這裏所講的參與程度不是指投票率），政治決策只落在少數專家身上。

誰來統治？		
	人民	統治者
柏拉圖	人民沒有任何權利	哲王由教育和選拔產生，有立法和管治的絕對權力
盧梭	公民有立法的直接權力，並定期監察政府，可罷免官員	由人民選出來的少數精英分子代為執法和管治
彌爾	公民有權選舉代表立法和執政	經定期選舉產生

　　雖然在現代民主中，公民的參與程度不及古代民主，但並不表示公民就完全沒有直接參與的機會，比如說公民出任陪審團的工作就是一種直接參與，藉此也能提升公民的質素；此外，公投也是一種直接參與，例如瑞士就經常就全國性的問題進行公投，而法律也規定憲法的修改必須用公投決定，很多民主國家每遇到重大和具爭議性的決策就會訴諸公投，不過，老牌的民主國家美國似乎從來未進行過這樣全國性的公投，只有個別的州有公投，例如加利福尼亞州就有大麻合法化的公投。

　　任何人都有參選的權利，卻不是任何人都可以勝任治理的工作，但人民可以爭取議會之外的議論空間，影響政府的決策，在公共領域有各式各樣的公共團體，對政策作出批評、修訂或建議。政策必須要在制定、通過和執行三個層次得到人民的支持才算是反映民意。

　　當然，更重要的是通過教育，培養稱職的公民，積極參與政治。公民教

育除了傳遞自由、平等和民主等觀念之外，還需要培養公民的品德，在現代
民主社會中，有三種公民品德是最重要的。第一是「說理」，由於每個人都
有參與政治的權利，沒有一個人可以將意志強加於他人，所以必須用講道理
的方式讓對方接受自己的主張。第二是「容忍」，民主社會是建基於人權和
自由主義之上，所以民主社會也多是一個多元的社會，有着各式各樣的人生
目標和價值，只要不傷害人，人有權做任何事，即使是一些荒誕之事，也得
容忍。第三是「勇氣」，這裏特指持異議的勇氣，有助於行使公民權利，批
評不合理的制度。

公民參與的方式

2 為什麼需要民主？

　　為什麼我們要追求民主呢？民主制度究竟有什麼好處？我認為可以從兩方面來探討民主的價值，一個是內在價值，另一個是工具價值。內在價值是指民主本身的價值，工具價值是指民主所帶來好的後果。我認為民主的本身價值在於體現自由和平等的精神，至於民主的工具價值則在於帶來一個政治和經濟穩定的社會，讓每個人都可更好地追求自己的人生意義。

❶ 體現及促進自由和平等

　　民主能體現自由和平等的精神，因為每個人有權參與政治的事務，例如有發言的自由，投票的權利及參選的權利。雖然在代議制中所體現自由和平等不及直接民主，但現代民主在促進自由和平等方面比古代民主優勝，比如說在現代民主的運作下，工人和婦女最終都獲得投票的權利；但在古代民主中，不但有奴隸制度，婦女更一直排除在公民之外。當然，這跟兩個時代的經濟生產力有關，但最重要的還是現代民主是建基於人權的思想，這是人與生俱來的基本權利，不論身份、階級和性別都享有。然而，對於什麼才是基本人權是存在爭議的，有人就認為公民權利如投票權不算是基本人權。

　　人權保障了人的自由，而每個人都有人權就是平等。在民主的社會，人民擁有最大的自由，也有平等的機會，這樣就有助於大家追求人生目的，實現價值。

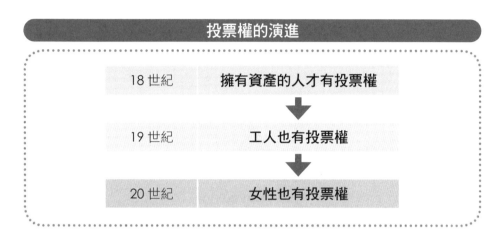

投票權的演進

18 世紀	**擁有資產的人才有投票權**
19 世紀	**工人也有投票權**
20 世紀	**女性也有投票權**

❷ 避免暴政的傷害

　　現代民主的一大好處就是，政府的功能在於保障我們的基本權利，這樣人民就可免除暴政的傷害。而且現代民主大都採用孟德斯所講的三權分立，立法、行政和司法互相制衡，出現極權或暴政的機會幾乎是不可能。

三權分立

雖然三權分立可以產生制衡的作用，避免政府的權力過大；但無疑降低了政府的效率，也許這就是民主要付出的代價。

拿民主國家跟獨裁專制國家比較，就很容易認識到民主政治這個好處。隨便舉幾個事例，在史太林的統治期間，蘇聯就有幾百萬人遭受政治迫害，至於被處決，死於勞改營，及死於饑荒（饑荒的原因是史太林強迫農民加入國營農莊）的人數，竟然高達二千萬；希特勒的獨裁政權不但殺害了六百萬猶太人，也對敵對黨派、波蘭人、吉普賽人及同性戀者進行「清洗」；高棉的紅色政權也殘殺了差不多四分之一的人口，尤其是知識分子。以上的事件都是發生於 20 世紀，更莫論過往歷史上獨裁專制國家對人民的傷害。當然，這樣說並不表示民主國家就一定沒有做傷天害理的事，民主國家對於外國人

及殖民地的人民也可以很殘忍，美國為了自身的利益，更曾推翻拉丁美洲的民主政府，支持獨裁政權。只是民主國家這樣做就一定會產生矛盾，標榜人權卻做違反人權的事，也必遭內部的譴責。

希特勒是民選的獨裁者？

　　反對民主的人很喜歡用「希特勒也是人民選出來」為「理據」，這和歷史事實有出入。首先，希特勒及納粹黨在選舉中從來沒有得到超過 50% 的選票和議席。其次，他之所以成為德國總理是由總統興登堡任命，並在興登堡死後通過違反德國憲法的法案，取消總統職位並將其權力讓渡給總理。這個行動事後得到 84% 以上選民的支持，他的內政方針也將德國從第一次世界大戰的創傷中重建起來；但當他發動侵略戰爭，屠殺其他種族的人，就是嚴重違反人權，這正顯示出當時的民主制度尚未完善，因為少數人的基本權利得不到保障。

❸ 政權的合理轉移

在已知的政治制度中，民主的抵抗腐化能力最高，因為司法獨立，權力得以制衡，而且立法機構、傳媒及民間團體又能監察政府。當然，這並不表示民主政治的領導人就一定不會貪腐，因為權力使人腐化，政治涉及權力，也最容易令人腐化。民主的另一個好處是，透過一定的程序，我們可以將腐敗的領導人趕下台，台灣地區的陳水扁就是一個很好的例子。

跟其他政治制度相比，唯有民主政治提供了一個政權轉移的合理程序，通過定期投票，人民可以罷免一個不稱職的政府，讓新的政府上台執政；反觀歷史，就以中國為例，每次改朝換代都是以殺戮的方式來進行，舊政權與新政權拼過你死我活，民主政治的好處就是能夠避免這樣的流血衝突。上一章我們討論過契約論，契約也是市場的特色，在民主制度中，被人民投票選出來的政府就好像獲得一張治理國家的合約，當合約期滿，人民可按她的表現，考慮是否續約。由此可見，民主政治也有助於維護人民的利益，就好像市場經濟的產品，通過競爭，質素有保證，維護了消費者的利益。所以，現代民主也必然是政黨政治，有兩個或以上的政黨角逐政府的職位，落選的政黨擔任反對派的角色，負責監察政府。

政黨競選 VS 商業競爭

如果市場被壟斷，只有一家生產商，我們就被迫要購買它的產品，因為別無選擇。同理，如果只有一個政黨角逐政府，也等於沒有選舉權，政黨也不需要理會人民的意願。

❹ 帶來社會繁榮

過往的學者根據古代民主的經驗，認定民主就是窮人的政權，貴族政體才能帶來財富。但現代民主的經驗正好證明，民主才是經濟繁榮的保證。

民主的一個核心價值就是自由，這當然包括自由經濟，資訊流通，所以民主的國家都是採用資本主義的市場經濟，而這種自由經濟最能發動個人的積極性，帶來經濟繁榮。由此可見，民主的另一個好處就是通過市場經濟，帶來經濟發展，有利於民。市場經濟帶來經濟繁榮，提升人民的生活質素，包括教育，這些條件又有利於民主政治的實行。所以，民主和市場經濟兩者有着互為因果的關係。

雖然資本主義的市場經濟有利於民主的出現，但也有不利於民主發展的一面，因為市場經濟會導致貧富懸殊，產生經濟不平等，而經濟不平等又會影響政治平等。即使形式上大家都有平等的政治權利，但有錢人會利用經濟優勢，影響政府的政策，向他們的利益傾斜。有關平等的問題會在第六章討論。

資本主義社會的內在矛盾

社會學家丹尼爾・貝爾（Daniel Bell,1919 - 2011）在《資本主義的文化矛盾》一書中指出，現代社會有三大領域，分別是文化、政治和經濟，它們各自獨立發展，也有着自身的意識形態，並且有着內在的衝突。

	意識形態	教育
文化	自我實現：實現個人的潛能	尊重學生的個性和差異，給予學生充分發展的機會
經濟	資本主義：追求利潤，強調的是效率，重視的是工具理性	訓練學生具備市場上所需要的勞動力，只要求學校培養順從的學生，好讓他們將來在社會上安份地工作。導致精英主義和教育不平等
政治	民主思想：體現自由和平等的價值	培養理性的公民，鼓勵他們行使公民的權利，批判不合理的制度

當然，非民主國家也可進行經濟改革，採用市場經濟，帶來經濟繁榮；但其經濟自由和政治自由就勢必有一嚴重的差距，造成內部的潛在衝突。從這一個角度看，市場經濟是有助於消解專制極權的統治，台灣地區就是一個很好的例子。還有，二次世界大戰之後，民主國家之間幾乎沒有戰爭。原因之一是民主國家有着共同的價值觀：自由、平等和人權，這些都是有助和平的實現，而且民主政治慣以說理和溝通來解決問題，加上民主國家之間多有貿易的關係，衝突也可以通過談判來解決。由此可見，民主國家比非民主國家在政治上更加安定，經濟上更加繁榮。當然，這只是一般而言，我們總可

以找到反例，也有非民主的國家是政治安定和經濟繁榮，但可以肯定的是，這些國家人民所享有的自由和平等卻有限，基本權利也可能得不到充分的保障。

雖然民主有以上的好處，但也不可期望過高。盧梭以為民主可以產生公意，但我們知道，民主的決議程序不可以保證所作的決定都一定正確，民主只可以減低出錯的機會，及避免最差的情況出現，比方說，二次世界大戰後出現饑荒的國家都是非民主的。

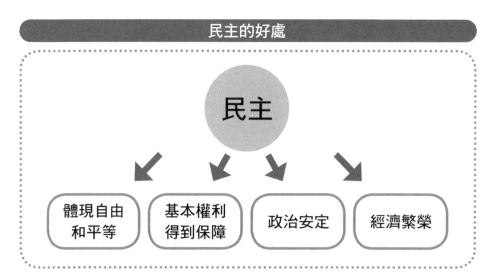

民主的好處

民主

| 體現自由和平等 | 基本權利得到保障 | 政治安定 | 經濟繁榮 |

3 對民主制度的批評

民主雖然有以上所講的好處，但對民主也有不少的批評。對民主的批評可以分為內部和外部兩種，內部是指民主本身有不一致或矛盾的地方，而外部則是針對民主所產生的問題。

在這裏我們先討論一些對民主的「外行」批評，也是一般人對民主制度的誤解。很多人批評民主，說民主不能解決一切問題；當然，民主不能解決一切問題，但誰說過民主可以解決一切問題呢？這樣的「批評」就等於批評洗衣機沒有用，因為它不可以用來煮飯一樣荒謬。另外，很多批評民主的人指出，東南亞某些實行民主的國家政局並不穩定，或者經濟未見繁榮；但這些國家恰好是民主並未完善的國家，批評的人以為全民投票就等於民主，但人權是否得到充分保障，司法是否完全獨立，軍隊是否服從民選的政府，他們卻不理會。其實這些批評犯的正是因果謬誤，不是民主令這些國家出現問題，而是這些國家的不民主因素令問題出現。

還有一種對民主的批評是以「學術」來包裝，說民主是源於西方特定的文化背景，並不適用於其他文化，例如中東和東方文化。即使民主是源於特定的文化背景，但並不表示它就沒有普遍意義或價值，以第二節所羅列出來民主的好處，就知道它具有普遍的價值。這種批評在思想層面上犯的是「起源謬誤」，純以某事物的起源去證立或反證它，而在心理層面，恐怕是自卑感作祟，正如希特勒，硬要發展所謂德國的物理學，又如部分女性主義者主張一種屬於女性的科學。

起源謬誤

起源謬誤凡指以一件事物的「起源」去證明或反證這件事物。有時起源可以指個人的出身或意圖；那麼，它就跟訴諸人身有重疊的地方。

> 最初主張非自願安樂死的是納粹黨
>
> 納粹黨是邪惡的
>
> } 前提

- -

> 所以，非自願安樂死也是邪惡的　} 結論

邪惡的源頭所做的一切都是邪惡嗎？別忘記，納粹黨也提倡優生學和反對吸煙，這兩者都是邪惡嗎？

❶ 民主的內部矛盾

　　民主政治的一個特色是訴諸多數決，但多數決有可能帶來多數的暴政，損害少數人的利益。以同性婚姻合法化為例，由於同性戀者在社會上只佔少數，若以投票來決定，又假定大家都是根據自己的利益投票，則同性婚姻永遠不可能合法化。但美國憲法之父麥迪遜認為，民主應該保護少數。多數決跟保護少數就構成一個潛在的衝突。當然，憲法可以保障人民的基本權利，任何法律都不可以違憲，比如說宗教自由，即使社會上大部分人都討厭某個宗教，但少數信仰這個宗教的人仍會受到保護。即使如此，在基本權利之外，少數人的利益仍有被損害的可能，就以困擾香港的「垃圾堆填區」為例，假設現在我們以公投來決定「堆填區」的位置，多數人可以聯合起來投票某個選址，對這個社區居民的利益造成傷害。不過，有時並不是多數人有意壓迫

少數人，而是由於少數弱勢社群在議會沒有代表，他們的聲音沒有被聽到，他們的利益也容易被忽視，例如香港的少數族裔。

不過，什麼權利應受憲法保護並沒有公認的答案，例如在美國，人民就有擁有槍械的權利，這亦是造成今日美國槍擊案頻生的原因之一。

投票的動機

很多人有一個假定，就是每個人投票的時候都會以自己的利益為依據，但其實投票的動機可以有很多種，例如一個異性戀者也會贊成同性婚姻合法化，因為他認為同性戀者的權利也應得到保障。

由這裏可以引申出主權在民和立憲民主之間的矛盾。根據主權在民的原則，政府代表人民，執行人民的意志，而立憲民主的原則是用來限制政府的權力，最近美國最高法院裁定同性婚姻合乎憲法就是一個很好的例子，那意味着大部分洲禁止同性婚姻的法律都是違憲，必須修改，即使大部分美國人反對同性婚姻。這是一個十分有爭議性的事件，同性婚姻合法不單是同性戀者爭取到婚姻包含的各種權利，例如有權繼承配偶的遺產，還會對異性戀家庭造成很大的衝擊，有人甚至認為會破壞行之以久的家庭制度，影響社會的穩定性。

　　民主政治的另一個內部矛盾就是代議制與直接民主。前面已經交代過盧梭對代議制的批評，代議制其實是精英統治，這些出身於中上產階級的代表有很大的自主性，不一定反映民意。其實盧梭的理論也有這個問題，雖然立法必須全民參與，但執政的也是少數被公民選出來的精英分子。對代議制不民主的批評，彌爾（John Stuart Mill,1806-1873）反而認為這是好的，因為這些代表都是有識之士，正可以防止民主的一個危機，就是之前所講多數人的暴政，多數人對少數人的傷害。

　　當然，選民和代表也常出現衝突，舉個例，假設大部分選民都贊成死刑，但某位議員則認為死刑是不道德，應該廢除；那麼，作為民選議員，投票是否廢除死刑時，應該根據自己的判斷，還是根據選民的意願呢？我們固然可以說議員是人民選出來，代表他們作決定，但也有一定程度的自主性。除了選民和自己的判斷有潛在的衝突，有時議員又會受所屬政黨立場的限制。

　　不過，我認為代議制和直接民主其實是互相補充，隨着電子傳媒的發達，公眾參與討論和決定的可行性將會大大提高，技術上立法和重大的議題都可交由人民公投決定。而議員則負責整理民意，引導討論，質詢政府官員，畢竟在現代社會，分工是無可避免，政黨和議員也有其專業知識和技能。議員和選民的關係，就好比律師和陪審團的關係，律師負責在法庭上論辯，及盤問證人，但被告是否有罪就交由陪審團裁決。

代議制的爭辯

代議制是假民主

代議制可防止多數的暴政

盧梭　　　　　彌爾

❷ 柏拉圖的批評

　　民主源於古希臘，西方哲學也是，但當時很多傑出的哲學家都不滿民主制度，有些更大力抨擊，柏拉圖就是其中的表表者。除了哲學家之外，劇作家也通過作品諷刺民主。

　　柏拉圖批評的是當時的民主政治，亦即是直接民主，由全體公民作政治決策。柏拉圖認為，大部人都是愚昧和無能的，由他們來治理國家只會帶來混亂，正如第一章所講，柏拉圖認為統治需要專門的知識，就像醫療和航海，醫生和船長才是專家。當然，這不意味專家的決定都一定正確，醫生和船長都會出錯，無可否認，跟一般人相比，專家的判斷會更好。但我懷疑究竟有

沒有所謂統治的專業知識，如果有的話，這麼重要的學問為什麼大學沒有教授呢？也許統治的知識涉及太多不同的範疇，比如說政治學、心理學、歷史、法律、管理等等。

政策的決定通常涉及兩個問題，一個是事實問題，另一個是價值問題，特別是道德價值。例如在廢除死刑這個議題上，死刑有否阻嚇作用屬於事實問題，統治者也得請教專家，比如請社會學家做一個研究調查；而應否奪去人的生命則屬於道德問題（道德是一種價值），但道德領域根本沒有專家，只能訴諸理據。陪審團制度是用抽籤的方法，選出公民作陪審員，這足以證明一般人也有能力討論有關的議題，遇到專業知識的問題當然可以請教專家。

事實與價值

區分事實與價值有助於思考清晰，混淆事實與價值則往往會導致思考混亂。例如「人有人權」並不是事實判斷，而是價值判斷，要提出理據支持，並沒有任何經驗證據可以支持或反對。

事實判斷	原則上依靠經驗證據來證明真假
價值判斷	必須提出理據來支持或反對

即使有所謂統治的專家，但由於政治決定對每一個人都有很重大的影響，人民還是應該有決定的權力，但這並不表示我們不可以聽取專家的意見，正如醫生可以給予專業的意見，但是否要接受治療，或採用何種治療方式，則由當事人決定。

　　如果決策的正確性是指人民的利益，在民主制度，人民不就是可以通過投票來顯示自己的利益所在嗎？但柏拉圖認為人民是愚昧的，他們不知道自己的真正的利益，而且是短視的，往往為了短暫的利益而放棄長遠的利益，哲王則有智慧作通盤的考慮，為人民帶來真正的利益。可是，歷史上所出現的專制政權往往是為了統治者的利益，而不是人民的利益。柏拉圖的哲王跟儒家的聖王一樣，都是稀有的品種，以為通過教育可以培養出來，看來是不切實際。

　　柏拉圖的批評帶出了統治者質素的問題，我們不是討厭那些狡猾、偽善、說謊、推卸責任的政治人物嗎？如果統治者有高尚的道德，就能抵抗權力的腐化。

　　如何防止這些厭惡的人得到權力呢？雖然民主選舉不能確保選出來的都是才德兼備之士，但人民卻可以用投票將腐敗或無能的統治者拉下台。

❸ 尼采的批評

　　尼采（Friedrich Wilhelm Nietzsche, 1844-1900）自喻為哲學界的巨人，雖然他有很多新穎的觀點，但亦存在不少爭議性。尼采自稱是反政治，但並不表示他對政治完全沒有興趣，他所反對的只是現存的政治制度和思想，例如民主制度、社會主義、國家主義、軍國主義，及自由和平等的思想。他主張一種叫做「大政治」的思想，大政治涉及文化和人的精神質素，相對於大政治，小政治就是只考慮國家利益和人民的福利，大政治關心的則是整個世界，領導人類文化的創造和價值的更新。在這裏我們主要討論尼采對民主政治，自由和平等思想的批評。

　　尼采認為，人在價值上有着等級的差別，這是自然生成。他反對自然權利，因為自然權利會有害生命的提升。民主的精神在於主權在民，用多數決來決定政府的政策；但尼采認為大部分人都是資質平庸，由他們來領導社會只會導致文化平庸化。尼采指出，平等思想是源自基督教，而平等背後則有着妒忌和報復的心理（這樣的批評也適用於馬克思的思想），追求平等只會妨礙文化的創造和強者的出現，變成扯平主義。至於自由主義，尼采批評它只講消極的自由，忽視積極的自由，積極的自由才是真正的「自由」。簡單來說，所謂消極的自由就是不受干預，而積極的自由則是指自制力和自主性，跟盧梭所講的自由相若。尼采認為，積極自由有助人的精神質素的提升，而自由主義所講消極自由則會令人和文化的質素下降。有關自由和自由主義的思想下一章會詳細討論。

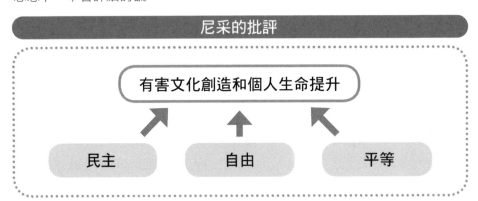

尼采的批評

有害文化創造和個人生命提升

民主　　自由　　平等

　　尼采在《反基督》一書主張三層的社會結構，最底一層是平民，包括各行各業的人；第二層是軍人、警察和法官之類的執法者；最高一層是統治者，他們是精神上的強者，屬少數的精英分子。最適合當統治者的就是尼采講的超人，他們是精神上的貴族，有能力承擔最大的責任，是人類前途的希望。尼采的階層三分跟柏拉圖理想國中的三個階級極其相似，都是強調精神上的強者作為國家的領導人，反對民主政治。但兩者有一個重要的分別，柏拉圖有靈魂轉世的思想，重視靈魂而輕視肉體，貶低慾望的價值；而尼采則是自然主義者，不相信來世和靈魂之說，他所講的生命力提升跟肉體有着密切關係。

　　人和文化質素下降的問題的確存在於現代民主社會，但尼采對民主、自由和平等的批評實有偏面之處，完全看不到第二節所講民主的好處及自由平等的價值。而且，我認為民主政治的實踐還在起步的階段，仍有很多改善的空間，比如說，如何有利於選出才德兼備的領導人。

尼采的三個階層

統治階層
精神貴族

執法者
軍人、警察和法官

平民
各行各業的人

❹ 馬克思的批評

　　馬克思對於現代民主的批評是間接的，他主要批評的是資本主義的市場經濟。馬克思指出，在資本主義制度中，主要有兩個階級，就是擁有生產資源的資產階級和被迫出賣勞力的無產階級，根據其剩餘價值論，無產階級受着資產階級的剝削，貧富懸殊愈來愈大，階級也愈來愈兩極化，於是無產階級形成階級意識，通過革命，推翻資產階級的統治，成立共產主義，消滅了階級，由國家控制生產資源，進行生產和分配。

上層建築與下層建築

　　馬克思認為，一個社會的政治、宗教、哲學、藝術（統稱為上層建築），是由其經濟（即下層建築）所決定，而上層建築反過來維持下層建築的穩定性。

上層建築：政治、宗教、哲學、藝術

決定 ⬆　　　　　　⬇ 維持

下層建築：生產方式（經濟）

生產力 = 勞動力 + 生產工具

生產關係

　　馬克思將一個社會分為上層建築和下層建築，下層建築是指經濟，上層建築是指政治、哲學和藝術等等，而上層建築是決定於下層建築，反過來，上層建築是用來保持下層建築的穩定。從馬克思的角度看，當時的西方民主制度就是用來保障資本主義的市場經濟，所講的並不是真正的自由和平等，而是充滿統治階層的剝削和壓迫，是資產階級專政。革命之後必須由無產階級專政，以防止資產階級的復辟，直至真正共產主義社會的來臨，才可以揚棄國家。

　　可惜的是，馬克思預測會發生革命的資本主義國家並沒有改變，革命反而出現於經濟落後的地方。除了預測落空之外，馬克思的理論還有很多問題，有關其剩餘價值論和剝削論會在第六章討論。事實證明，自由經濟比計劃經濟更能帶來社會的繁榮。而馬克思所講的無產階級專政，實際是共產黨專政，這會導致極權統治，形成新的特權階級，掌握權力亦即是能夠控制生產資源和利益的分配，所造成的剝削和壓制比他要批評的資本主義社會更甚，況且後來資本主義社會得以自我完善，這正是民主政治的優點，剝削和壓制減少了，實行社會福利，大量中產階級的出現，成為穩定社會的力量。

　　馬克思困於其歷史唯物論，深信革命必然會到來，雖然他在英國居住了很長的時間，卻並未對民主政治作出公正和合理的評價，也不了解人權和個人自由的重要性。由於民主社會有言論自由，特別是批評政府的自由，甚至容納反對資本主義和民主的聲音，不同的馬克思主義不就是在西方民主社會出現嗎？民主與極權，自由主義和社會主義，高下立見。

4 結語

日裔美籍學者福山（Francis Fukuyama, 1952- ）在《歷史的終結》（1992）一書中指出，民主是人類可能的政治制度中最好的，也是最高級的。剩下來的問題似乎只是如何改進這種制度，讓它發揮更好的功能。

有人認為民主不單是一種政治制度，也是一種生活方式，民主要成功，必須要全面民主化，比如說學校民主化，甚至家庭民主化。不過，究竟民主化的程度有多大是存有爭議的，學生會固然是民主的組織，但學校的決策又真的可以完全民主嗎？當然，家庭民主化也不是說所有家庭事務都由投票來決定，重要反而是家庭成員能夠互相尊重、獨立自主，透過溝通而不是暴力，或單單是父母權威來解決問題。

如果說學校和家庭民主化是民主向內延續的話；那麼民主向外擴展又是什麼意思呢？那就是民主國際化，也是我對於民主的展望。民主國際化有兩個意思，一個是愈來愈多的國家採用民主的政體，另一個是指國際組織民主化，比如說歐盟和聯合國這些國際組織，人民有權投票選舉代表，影響國際的事務。當然，這還有一條很長的路要走，就目前的情況來看，即使是國家的外交，人民都沒有權力影響其決策，更何況是國際組織呢！

事實上，愈來愈多的國家採用民主政體，相信未來也是這樣，因為對現代社會來說，民主是管理國家的最好方法。但非民主國家對民主國家尚存在很大的戒心，她們會認為，那些民主國家所宣揚的人權、自由和民主其實不過是干預和侵略的藉口，真正目的是獲取利益。然而，民主政治是否有價值是一回事，而宣揚民主政治背後的動機是什麼又是一回事。由動機不良而推論出民主不好，犯的正是「訴諸人身的謬誤」。

訴諸人身的謬誤

　　訴諸人身是最常見的謬誤之一，也叫做人身攻擊的謬誤，就是攻擊對方的人身因素如身份、地位、階級、意圖、品格、種族等等來反駁對方的論點，是最粗鄙的謬誤。特別是政治領域，經常出現人身攻擊的謬誤。例如政治人物在選舉前被揭發了黑材料，就常指責揭發的人是意圖不軌，將論題轉向陰謀論，避開黑材料的攻擊。

男人就是靠不住！

　　民主固然有價值，但用武力將非民主國家變成民主卻並非一件好事，就以美國推翻侯賽因的政權為例，目前伊拉克的民主還是十分脆弱。的確，有些國家或地方尚未具備民主化的足夠條件。

民主的勝利

愈來愈多的國家或地區由非民主變成民主，以下是 20 世紀最後 30 年的一些記錄。

70 年代	葡萄牙、西班牙、希臘，另有一些拉丁美洲的國家
80 年代	菲律賓、台灣、南韓、孟加拉、尼泊爾、巴基斯坦（但後來民主沒有延續）、民主傳播至東歐
90 年代	南非，還有一些非洲的國家

雖然民主取得一定的成果，但這些國家的民主品質仍有待改進；另外，北非和中東仍有很多國家是非民主的。

至於中國，在五四的時候已提出追求民主的主張，而當代新儒家亦肯定民主的價值。第一章講過，中國傳統儒家思想從未質疑君主制，雖然清末知識界名人梁啟超認為明儒黃宗羲在《明夷待訪錄》中表露出民主的精神，並拿來跟盧梭的《社會契約論》作比較。但其實黃宗羲並沒有質疑君主制本身，他只是批評君主制的墮落，原因是君主將天下當成是自己的私產，國家和人民變成君主謀取私利的工具。黃宗羲還是不折不扣的傳統儒家，主張的是聖君賢相，君主應該為人民謀幸福，這是民本思想，不是民主思想，極其量只符合林肯所講的民享，並沒有民有和民治。即使就為人民謀取利益這一點來講，究竟是君主制好，還是民主制優勝呢？歷史已經給予肯定答案，事實上，保護人民利益的最好方法就是讓人民成為政治權力的來源。

新儒家與民主

已故大儒牟宗三有「內聖開出新外王」之説，新外王就是民主和科學，但「新」還有另一個意思，就是不同於西方的科學和民主。牟宗三認為現代西方文化出現了兩個嚴重的問題，一個是「科學一層論」，以科學的知識為最高級的知識，並以此為標準來判斷其他知識的價值；另一個是「泛政治主義」，只強調民主制度在形式上的合理性，沒有在道德理性上探討它的根源。而賦予科學知識及民主制度一個道德形上學（內聖）的基礎，就正好糾正這兩種流弊。

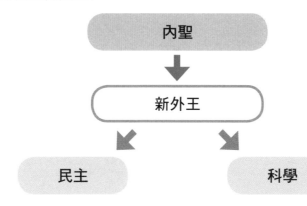

雖然民主政治有尼采所指的問題，就是人的質素下降；但我們也可以反過來看這個問題，正如盧梭所説，民主是適合神的政治制度，要配享有民主，反而應該努力提升人的質素，這是文化和教育的工作，甚至可以是宗教的工作。

總的來說，民主是值得追求的，因為她能提供一個公正的環境，給予人民最大的自由，及最多的機會，去實現自己的人生意義。而自由，公正和平

等也正是以後三章的主題。

不過，各國的民主進程還有很大的改善空間，美國的參選人需要籌募大筆選舉經費，造成了金權政治，少數黨派也難以參加選舉，形成兩黨獨大的局面。當然，這還是比台灣地區的黑金政治好得多。至於像伊朗式的選舉，雖然有多個候選人角逐總統，而且也是一人一票選出，但由於候選人是先由一個「憲法監護委員會」選出來，而委員會成員又並非民選，這種有篩選程序的選舉，還不算是合格的民主選舉。

第四章

自由

自由至上？

人生而自由，卻處處在枷鎖當中

——盧梭

　　沒有人願意失去自由，或者被人強迫做自己不願意的事，每個人都想自由自在地過活，實現自己的人生目標。不過，將自由視為權利來爭取，只有三百多年的歷史，這就是自由主義的思想。而洛克正是自由主義的始祖，在第二章我們已經介紹過他的思想。

　　自由主義是一種政治哲學，它重視的是人的自由和權利，洛克認為人有三種基本權利，分別是「生命」、「自由」和「財產」。從這個角度看，自由是一種權利。但有時我們又會將權利定義為一種自由，例如人身自由，擁有財產的自由。這樣看來，權利可以說是自由最充分發展的一種形式。雖然我們經常將「自由」和「權利」互換使用，但它們還是兩個不同的概念。自由的核心意義是不受外力的束縛，比如說監禁罪犯，令他們失去行動的自由。權利則是合理索取的意思，擁有權利的是索取的一方，被索取的一方必須有某種義務。所以，損害人的權利就是違反義務，在道德上是錯的。但限制人的自由就不一定是錯，例如不容許人有偷竊的自由。

權利的兩個概念

「權利」有兩個解釋，一個是「消極權利」，另一個是「積極權利」，它們具有以下的公式。很多無謂的爭論都是由於混淆了權利的兩個概念。

權利	義務	例子：生命權利
消極權利	所有人有義務不做某些事	所有人有義務不傷害他人的生命
積極權利	有人有義務做某些事	有人有義務拯救他人的生命

一般來說，權利一定含有消極意義，是否有積極意義就要看是哪種權利，很多時都有爭議。積極權利所對應的義務只屬於某人或某些人，那誰有義務呢？亦視乎具體情況而定。例如在安樂死的爭論中，結束病人生命的義務可能就屬於醫護人員。

自由主義對政治的影響是革命性的，因為自此之後，人類的自由在一定的範圍內是政府所不能干涉的，不但不能干涉，政府還有責任保障它。這一章我們主要討論彌爾、柏林及海耶克三人關於自由的理論，他們都分別在其所處的時代，對自由的問題作出思考，並回應時代的挑戰。彌爾繼承洛克自由主義的傳統，並進一步開拓自由主義的理論。柏林的貢獻在於釐清自由的概念，作出消極和積極自由的區分。而海耶克則在集體主義盛行的時代盡力維護自由主義，並說明經濟自由的意義和價值。

1　彌爾

　　彌爾（John Stuart Mill, 1806-1873）是 19 世紀時英國最重要的哲學家，他自少就受到父親嚴格的知性訓練，培養為功利主義的信徒。但強迫性教學帶來了反效果，彌爾在 19 歲經歷了一次精神危機，幾乎失去了生存的意義，自此他明白到自由的重要性，幸福應該由個人自己來決定，似乎他是受了 19 世紀初浪漫主義的影響，每一個人都是獨一無二的個體。有趣的是，法國畫家德拉克羅瓦的《自由女神領導群眾》正是浪漫主義的代表作，自由與浪漫真是合拍。雖然如此，但彌爾並未背離功利主義，還成為邊沁功利主義的繼承人，著有《功利主義》一書。另一方面，他也繼承了洛克開創的自由主義，而他所寫的《論自由》正是 19 世紀自由主義的代表作。

　　在洛克的時代（17 世紀），要保護人民的自由，就必須限制政府的權力，免於暴政的傷害。到了彌爾的年代，民主政治和法治已經確立，政府暴政的傷害大大減少；反而另一種暴政會出現，那就是多數人的暴政，多數人對少數人的壓迫，因為少數服從多數正是民主政治的其中一個原則。多數人會透過立法和社會輿論對少數人進行壓迫。而彌爾的貢獻就在於為自由劃一條界線，給我們的自由作出限制，同時也為自由訂出範圍，在這個範圍內，我們的自由就是神聖不可侵犯，那就可以避免多數人對少數人的壓制，保障了少數人的權益。

❶ 功利式的自由主義

　　雖然說彌爾是洛克自由主義的繼承者，但他並不同意自然權利的說法；換言之，他並不同意「自由」是人一種與生俱來的權利。這是受到功利主義的影響，功利主義的始祖邊沁指出，不同理論家對自然權利的內容都有不同的看法，由此可見，說自然權利不證自明是有問題的，他認為只有在法律上

才有權利可言，説有先於法律的權利根本沒有意義。從功利主義的角度看，證立自由的唯一理據就是功利原則，我們應該擁有自由的理由就是因為它的效益，能夠帶給多數人的最大快樂。也許我們可以稱彌爾的自由主義為功利式的自由主義，以別於一般贊成自然權利的自由主義者。

至於我們應該擁有什麼自由或權利，那就由功利原則來決定。例如，我們應該有言論自由，因為長遠來説，能夠帶來多數人的最大快樂，增進人類的幸福。又例如，我們不可以有殺人的自由，因為這只會給人帶來痛苦。

然而，自由與功利有着潛在的衝突。不錯，有了基本權利，長遠來説，可以為最大多數人帶來最大的快樂。可是，這並無法避免有時為了多數人的最大快樂，少數人的基本權利會受到侵犯。舉個例，恐怖分子在城市放了計時炸彈，警員捉了其中一個及其兩歲大的兒子，要拯救市民的生命，警員必須虐待其兒子，使恐怖分子講出炸彈的位置，究竟警員應否這樣做呢？根據功利主義，雖然虐待會令無幸小孩受苦，侵害他的人身自由，但卻能拯救成千上萬市民的生命，避免炸彈爆炸對財物和環境造成的破壞，帶來最大多數人的最大的快樂，所以這樣做是還是對的。

自然權利的説法固然有問題，但用功利原則來證立權利亦有其不可克服的困難，正如第二章所講，我認為用人的尊嚴來證立權利比較恰當，我們應該擁有基本權利的理由就是為了保障人的尊嚴。

功利主義

　　功利主義源於 19 世紀的英國，創始人邊沁（Jeremy Bentham, 1748-1832）認為行為的對錯決定於它帶來的快樂和痛苦，快樂大於痛苦就是對，痛苦大於快樂就是錯。計算快樂時，每個人都是同等重要的，沒有任何人的快樂高於其他人，這樣就是要求我們平等地對待每一個人。對當時的英國階級分明的社會來說，功利主義是十分激進的思想，而事實上，邊沁所倡導的功利主義為社會帶來了實質的改革，邊沁自己也創辦了倫敦學院，倫敦學院是第一所接受女性、猶太人、異見分子等為學生的大學，實際改變社會的不公平。

❷ 自由的價值

個人認為，彌爾對自由主義理論的重要貢獻就是指出自由和幸福的關係，自由正是幸福的必要條件。過往的哲學理論大都認為「什麼是幸福的人生？」這個問題有客觀的答案，但自由主義者多數認為，這個問題並沒有客觀的答案，每一個人都有自由去選擇自己的人生目標。

彌爾主張，每個人都應該根據自己的個性去行動，而不是傳統和習俗，因為這才是真正的幸福。所以，應該給予人民最大程度的自由。以個人而言，有了自由，我們就可以自行探索，發掘自己的潛能，並盡量加以發揮，過着適合自己的滿意人生。由於每一個人的個性、興趣和潛能都有很大的差異，強迫大家過同一種生活，用傳統和習俗規範着每一個人，都是有損個人潛能的發展，而且沒有人比自己更清楚何種生活對自己最有益。另外，讓大家自由選擇，社會自然會有多元性，這就有助社會的發展和進步。有了自由，就有創造的空間，創造正是發展和進步的要素。對個人來說，自由是幸福的必要條件；對社會來說，自由也是發展和進步的必要條件。由此可見，自由不但對個人有利，也對社會整體有利。

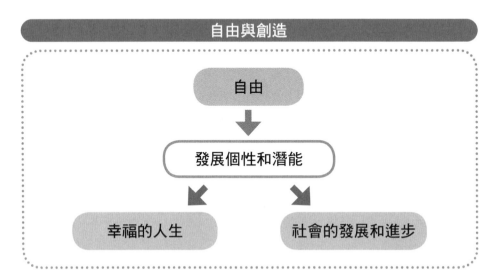

自由與創造

自由

↓

發展個性和潛能

↙　　　　　　↘

幸福的人生　　　社會的發展和進步

　　彌爾認為人在認知上有其限制，誰都會出錯，如果統一思想的話，很有可能大家一起犯錯，對社會造成很大的傷害。禁止或控制言論會產生很大的惡果，如果言論是正確的，那我們就會失去更正和進步的機會。根本沒有人可以擁有全部真理，過往那些自以為擁有絕對真理的人，後來都被證明是錯誤的，基督教就曾持對正確思想的人進行迫害，哥白尼和加利略都是受害者。其實教會未當權之前，也不是被羅馬帝國迫害嗎？即使言論是錯誤的，也不要禁止，因為通過批評，真理才得以彰顯。思想和言論自由的好處就是讓我們發現錯誤，通過自由討論，讓人提出異議，可減少出錯的機會，幫助我們發現真理。

耶穌之死

耶穌跟蘇格拉底一樣，也是經正式審訊而被判死刑，罪名也差不多，就是褻瀆神，其實兩人不過是發表了有違傳統的觀點罷（當然，也因此樹立了敵人）。如果當時有言論自由，這兩個歷史上的巨大錯誤就不會發生了。

　　正如上一節所說，彌爾是以功利原則來證立自由，自由的價值在於給我們帶來長遠和重大的效益；換言之，自由只具有工具價值。但很多自由主義者認為，自由本身就值得追求，它的價值不只是工具性的，它本身就有價值。對於「自由有沒有本身價值？」這個問題，彌爾似乎並未給出明確的答案，但如果自由是構成幸福的要素（因為幸福必須是人運用自由作出選擇），自由的價值就不單是工具性，由此看來，彌爾亦不是一個純粹的功利主義者。

自由的種類

彌爾主張有三類重要的自由，任何人都不可以干預。這三類自由是互相關連的，沒有思想自由，就不可能訂定自己的人生目標，人生目標的實現又往往要依賴其他人的合作。

第一類屬於人的內心世界	良心自由、思想自由及感受自由
第二類涉及個人行為	訂定人生目標的自由、行動的自由及品味的自由
第三類涉及他人	人有結社的自由

❸ 自由的限度

雖然自由重要，但自由也不可以毫無限制，我們固然不可以有殺人的自由，或偷竊的自由，但應該怎樣為自由畫界呢？《論自由》一書的重點就是提出一個簡易的原則為自由劃界，那就是不傷害原則。彌爾認為，我們有自由做任何事，只要不傷害其他人。不傷害什麼？主要就是基本權利要保障的東西：生命、自由和財產。換言之，傷害人的生命（包括身體）、自由和財產的行為必須禁止。所以，法律會禁止謀殺、搶劫和禁錮等行為。要注意的是，禁止的不單是造成實際傷害的行為，也包括很有可能造成傷害的行為，例如禁止酒後駕駛，因為很容易會發生意外，傷害他人的生命。

彌爾認為不傷害原則是一個簡易的原則，不但易於理解，也易於遵守。可是，不傷害原則本身也有含糊不清的地方，不傷害也包括人的心靈和名譽嗎？例如惡意詆毀一個人，傷害他的名譽；又例如出賣朋友，令他心靈受創。

其中最有爭議性的就是國家安全，例如美國經歷 911 恐怖襲擊之後，就是以國家安全為理由，限制了人民很多自由和權利。

由此可見，不傷害原則在應用上存在灰色地帶，並不像彌爾所說是一個極其簡易的原則。是否需要用法律禁止就要視乎具體的行為是什麼，及所造成的傷害有多大。例如誹謗罪，就是用來禁止傷害名譽的行為，強姦也是極嚴重的罪行，因為會對於受害人造成很大的心靈傷害。

另外，我們有些行為並不帶來直接傷害，但會令人感到不安、厭惡或憤怒，例如粗言穢語、裸跑、穿着異性的衣服（易服）等。有人說話喜歡用「粗口」作助語詞，雖然不算是侮辱，但對聽者來說可能是冒犯。有些人心靈特別脆弱，只要聽到批評他的說話，也會感到冒犯。所以，是否冒犯很大程度取決於當事人的心態。身心的傷害和財物的受損可以客觀量度，比較起來，冒犯就較多主觀的感受。彌爾同意冒犯不是傷害，但又認為要對（部分）冒犯的行為作出限制，這樣說來，不傷害原則就不是唯一限制自由的標準。

還有，那些只傷害自己而不傷害他人的行為又如何呢？若根據彌爾的標準，只要不傷害他人，即使是自殺，我們都不要阻止。也許我們會說，阻止人自殺，或禁止人吸毒，都是為了當事人的利益，不得不限制他的自由。我認為對於傷害他人和只傷害自己的行為，禁止的標準應有不同，前者嚴，後者寬。例如，吸煙和吸毒都屬於傷害自己的行為，由於兩者的嚴重性有很大的分別，所以一般我們只禁止後者，並不禁止前者。但若在公共地方吸煙，二手煙會對其他人造成傷害，那就需要禁止。

除了不傷害原則之外，彌爾所提出的「公私之分」也是一個為自由劃界的標準。簡單來說，我們在公共領域的行為，由於有機會影響他人，對他人

造成傷害或冒犯的話，就需要禁止。但在私人領域，即使行為有損個人的道德，但由於沒有傷害其他人，所以不應用禁止。例如通姦和嫖妓，這只是私德的敗壞，不應用法律禁止，只可以勸阻。但若按照彌爾的標準，只要你情我願，又不傷害他人，亂倫也不應禁止，但亂倫幾乎是所有社會都會禁止的行為。其實公私之分也不是那麼明顯，因為私德的敗壞有可能影響社會的穩定，假設社會有一半的人是酗酒者和性濫交者，這個社會會變成怎樣呢？

除此之外，保護動物和環境也是自由的合理限制，不過要跟人類利益取得平衡，在此就不作詳細的討論。

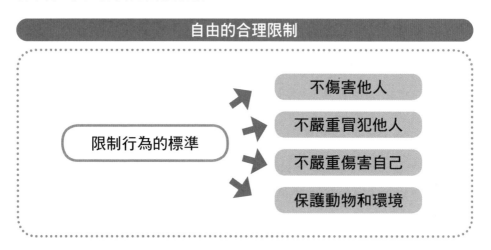

自由的合理限制

限制行為的標準

不傷害他人

不嚴重冒犯他人

不嚴重傷害自己

保護動物和環境

❹ 自由、效益及傷害

這一節我想對彌爾的理論作些總結及批評。正如前面所講，彌爾是用功利原則來證立自由，用不傷害原則來限制自由，而不傷害原則也可以說是源於功利原則，因為帶來傷害即是帶來痛苦，痛苦就是負效益。自由、效益和傷害三者就構成一個證立、限制和推導的關係。

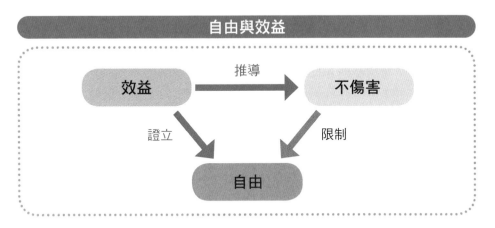

舉個例說明三者的關係，近年香港多了不少遊行示威，影響商店的生意，做成間接的傷害，也給居住附近的市民造成不便和滋擾，有些人更對遊行示威感到厭惡，但考慮到遊行示威是言論自由的一種表達方式，有其合理性，因為長遠來說，言論自由能帶來很大的效益，所以不應該禁止。又正如彌爾所說，在自由的社會，我們必須培養「容忍」的德性，使社會民主化。當然，若示威演變為暴亂，直接造成傷害，就必須禁止。

當然，在某些特定的情況，自由與效益是有衝突的，但並不表示兩者永不相容。而事實上，對現代社會的發展和貢獻來說，功利主義和自由主義都是功不可沒，它們幾乎滲透到人類每個重要領域，如政治、經濟、教育、科學、藝術等等。也可以這樣說，功利主義和自由主義是西方現代社會背後的兩根思想支柱。與其說衝突，還不如說為兩者有互補的作用，自由讓人發展潛能，有利於創造和發明，對經濟成長和科學進步都有幫助。功利主義主張帶來最大數的人的最大快樂，這對社會改革，增進人類整體幸福都有推動的作用；但為了多數人的快樂，也有可能傷害少部分人的權益，這個弊病正好由自由主義來糾正，因為人的基本權利具有優先性，不容輕易侵犯。

　　我認為可將不傷害原則擴大至傷害或很有可能傷害自己的行為，是否要立法禁止就要視乎具體的情況，也要考慮相關的因素，包括行為本身的合理性。例如法例規定乘坐某些車輛要佩戴安全帶，那當然是為了保障乘客的生命，但同時亦限制了乘客的人身自由。這種限制是合理的，因為根據過往經驗，若發生交通意外，不佩戴安全帶會造成傷亡的機會率很高，而佩戴安全帶所限制的自由只是很少和短暫，不會造成很大的不便。有時為了當事人利益，我們也需要限制他的自由，特別是未成年的人，心智尚未成熟，未有自主的判斷能力，為了保障他們的利益，限制他們的自由也是合理的，例如法例禁止與未成年者發生性關係，或者立法強迫兒童接受教育。

　　還有，很多表面上只造成個人傷害的行為，往往也會影響其他人，甚至危害社會，例如禁止酒後駕駛，不只是保障當事人的安全，也包括其他道路使用者的安全。又例如禁止吸食毒品，亦不單是為了個人，而是考慮到對社會的影響。

　　有人批評彌爾所講的自由只是不受外在束縛，並沒有重視追求的自由，對經濟能力和教育水平較低的人來説，這方面的自由就得不到保障。用柏林的話講，這是消極自由和積極自由之分，也正是下一節的主題。

2 | 柏林

　　「自由」這個語詞，據說有多達二百種以上的意思，所以使用時必須釐清它的意思，免於混淆或引致無謂的爭論。但這樣做其實也不足以解決所有紛爭，因為大家都會爭論什麼才是真正的自由，自由是一個本質上有爭議性的概念。

　　柏林（Isaiah Berlin, 1909-1997）是英國哲學家，少年時由蘇聯移民到英國。他在〈兩種自由概念〉一文提出了兩種自由的概念：消極自由和積極自由，這種澄清概念的做法對我們的思考很有幫助。正如前面所講，「自由」是一個充滿歧義的字詞，而在哲學的討論中，它至少有兩個不同的意思：意志自由和政治自由，意志自由的問題涉及形上學和倫理學，政治自由的問題則跟政治哲學有關，而柏林所講的兩種自由屬於政治自由的範圍。

　　跟彌爾一樣，柏林反對自然權利的說法，但贊成以人的尊嚴作為權利的理據。柏林主張的是消極自由（當然要有所限制），但不主張積極自由。因為提倡積極自由往往會導致自由的反面：不自由和強制。例如馬克思主義所講的自由和解放就是一種積極自由，但毫不例外，這些根據馬克思主義建立起來的共產國家，都是不自由的國家，甚至使用勞改和洗腦的方式，強迫人民接受它的主張。

自由的分類

我們也可以將自由分成三類：意志自由、行動自由和道德自由。

意志自由	這是意志選擇的自由。但決定論認為一切事物都是被決定的，包括人的思想和行為，所以人有抉擇的自由根本是一種幻象
行動自由	這是行為不受束縛和限制的自由，跟柏林所講的消極自由相若
道德自由	這是指心靈不受慾望束縛的自由，也可以歸類柏林所講積極自由的一種

❶ 兩種自由

消極自由是指不受約束縛和限制，積極自由則是主動追求自己的目標。囚犯是典型欠缺消極自由的人，因為他被監禁，行動上受到很大的限制；而奴隸則是典型欠缺積極自由的人，因為他不屬於自己，沒有自主權。當然，消極自由不是有或者無的問題，而是程度之分，束縛和限制愈大，自由就愈少。至於積極自由則比較複雜，不單是程度問題，似乎也有着不同的種類。

消極自由 VS 積極自由

	含意	欠缺自由的典型人物
消極自由	不受人為有意的外在束縛和限制	囚犯
積極自由	能夠作自我引導或自我主宰	奴隸

　　先討論消極自由，究竟不受束縛和限制是什麼意思呢？柏林將它界定為一種外在的人為限制，這樣就可以排斥自然律對我們的限制，例如有人會説：「我們不可以自由地在空中飛行」，這種不自由就不屬於消極自由的範圍。柏林指出，外在的人為限制有三種，第一種是他人對我們身體的限制，第二種是國家或法律對我們行為的限制，第三種是社會輿論對我們造成壓力，產生限制我們行為的作用。以上這些限制都是人為的有意干涉。

　　雖然説民主政治可保障我們的自由，這是消極的自由，但兩者在邏輯上並沒有必然的關係，民主也有可能侵害人的自由，而沒有民主的地方也可能有高度的自由。例如英國統治時期的香港，這時並沒有民主，但香港人卻享有高度的自由，甚至有批評政府的自由，當然這有其歷史原因。

　　至於積極自由，由於它強調人的自主性，這種自由其實可以用來證立民主政治，就是人有權參與影響個人利益至深的政治活動。不過，柏林認為提倡積極自由往往會導致自由的墮陷（下面會討論這個問題），最後會嚴重損害我們的消極自由。柏林似乎將兩種自由看成是對立關係，但我認為在理想的民主政治中，它們是互相補足的，一方面民主政治是積極自由的體現，另一方面民主政治可以保障我們的消極自由，而消極自由則有助於提升積極自由。

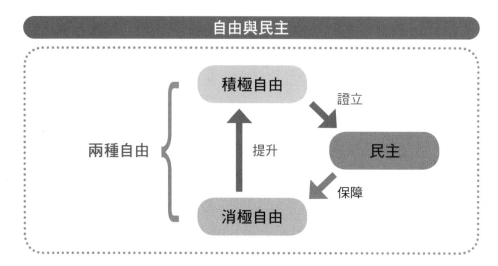

❷ 積極自由的墮陷

柏林認為，提倡積極自由的危險就是走到自由的反面，強制和不自由。他指出盧梭、康德、黑格爾和馬克思的理論都有這個危機。就以盧梭的理論為例，公共意志具有強制力，不贊成的人也得服從，此所謂強迫的自由。

但究竟積極自由是如何墮陷呢？有兩個主要途徑，一個是通過唯心主義，將自我分成真我和假我，真我才是真正的自我主宰，為了實現真我，即使用強制的方式來壓制假我的需求，也是合理的。例如有些宗教認為，經驗的我是一個充滿情緒和慾望的假我，要完全消除這些情緒和慾望，人才能得到真正的自由。如果當事人不能夠或不願意做，別人用強迫手法幫他完成也是對的。又例如，在一些集體主義的國家，將國家視為真我或大我，要人民犧牲小我，完成大我。

另一個途徑是通過理性主義的形上學，將人分為理性和非理性兩部分，

當理性佔主導地位時，人才是自由的，這跟第一種途徑相通。但柏林指出，第二種途徑也有其獨特之處，就是所有人都有一個經由理性作引導的真正人生目標，而所有的糾紛，都是由於理性和非理性之間的衝突引起，或是理性的不足所致。所以對於完全理性的人來説，這些衝突就可以避免，繼而達致社會和諧。所謂自由就是完全由理性作引導。

有論者認為，柏林反對積極自由，只贊成消極自由。但不主張並不一定是反對，柏林所説積極自由的墮陷不過是積極自由的濫用，而消極自由的濫用也一樣會產生問題，那就是放任和不守規律，只不過積極自由的濫用更容易和產生更大的禍害罷。換言之，消極自由和積極自由兩者都必須加以限制。如果給人民過多的消極自由，則強者必然會欺壓強弱者；如果提倡大多積極自由，消極自由亦會受到損害，兩者必須取得平衡。

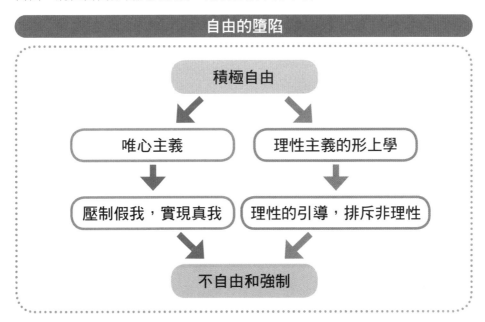

自由的墮陷

積極自由

唯心主義　　　理性主義的形上學

壓制假我，實現真我　　　理性的引導，排斥非理性

不自由和強制

145

❸ 自由與多元

柏林認為，對於「什麼是人生目標？」和「什麼是完美的社會？」等問題並沒有所謂客觀或終極的答案，因為價值是多元的，而人也必須作出選擇。這也是大多數自由主義者的看法，不同的是，柏林主張一種客觀的多元主義。

柏林之所以強調「客觀」，可能是要顯示多元主義並不是相對主義或主觀主義（當代著名美學家丹托在藝術上也主張一種客觀的多元主義，亦是要跟相對主義或主觀主義區別出來）。客觀的多元主義承認存在一些終極的價值，例如自由、平等、公正、幸福、真理等。這些普遍的價值存在於過去、現在（我相信也在在於未來），也存在於不同文化和社會。我們可以根據這些標準作出理性的批判，例如對納粹惡行的批評。納粹黨認為猶太人是劣等人，並會危害社會，所以必須將之消滅。首先，「猶太人是劣等人，並會危害社會」根本就是錯誤的認識，不符合事實；即使這是事實，也推論不出應該將猶太人徹底毀滅的殘忍之事，無論是在事實和價值判斷上，納粹黨都是錯誤的。

但問題是，這些價值卻又存在潛在的衝突，例如真理不一定促成幸福，一個知識愈豐富的人可能愈不快樂。又例如自由和平等，多一些自由往往導致少一些平等，要平等多一些嗎？又往往要對自由作出限制。舉一個本土的例子，為了實現教育機會平等，有人主張以抽籤的方式分配小學的學位，無疑此舉可以防止有錢人的子女佔有大部分所謂名校的學位（目前學位的分配是根據居住的地區，而有錢人就有經濟能力在名校區置業），但一旦這樣做，家長就沒有了為子女選校的自由。

除了終極價值之間的衝突外，同一種價值也可能有內在的矛盾，因為這

些價值或概念本身都是極其複雜的。就以自由為例,在今日傳媒發達的年代,私隱權和知情權就經常出現衝突。

柏林認為這些導致衝突的終極價值是沒法調和的,像柏拉圖所講真、善、美和公正的和諧一致就不可能存在於現世,也許只能夠在天堂或死後的世界出現。由於這些價值的實現必然會導致衝突,那些標榜完美生活或社會的狂熱追求,並以政治和軍事的力量來實現,就注定要為人類帶來無窮的災難。柏林主張多元主義,就是要反對這些一元主義,尤其是強調歷史發展必然性的歷史主義,例如馬克思主義。歷史主義認為,歷史是朝向一個所謂終極的目的,無法逃避(逃避無法逃避的東西是不理性的),反抗它更加是無用和不道德的。

另外,價值的衝突也出現在不同文化,例如基督教的道德觀和羅馬人的道德觀,基督徒的謙卑是羅馬人無法接受的。柏林認為,兩者沒法比較,也不能調和,更不能擇取部分作新的組合,你只能兩者擇其一。不過,我對此表示懷疑;因為批判傳統道德觀是社會進步的其中一個因素,經批判作新的選擇也並非不可能。而事實上,有很多傳統道德價值現代人並不接受,如「父要子亡,子不得不亡」;相反,現代社會出現的「容忍」也不是傳統社會可以接受,難道這不是進步嗎?

某個意義下,自由在這些終極價值中處於一個先行的位置,因為自由意味着選擇,選擇實現何種價值,選擇過一個怎樣的人生。換言之,平等、公正、幸福和真理都有賴自由,沒有自由,我們根本不可以實現任何價值。當然,這些價值又存在潛在的衝突,但在民主的社會,我們可以通過協商達成共識或妥協,自由和平等也可以有某種程度的組合。

價值的衝突

柏林所講的價值衝突可以分為三個層次。

價值衝突	例子
終極價值之間	自由和平等
某一終極價值本身	知情權和私隱權
不同文化的價值觀	基督教的道德觀和羅馬人的道德觀

❹ 外在／內在的自由

我想先討論一些對柏林兩個自由區分的批評，然後再提出自己的看法作為補充。有人說，對於貧窮和無知的人來說，他所實現的自由就比富有和有知識的人少，例如窮人就沒有環遊世界的自由，文盲也沒有閱讀的自由。但柏林認為他們並非欠缺自由，因為並沒有人阻止他們環遊世界和閱讀，他們只是欠缺自由的條件。換言之，環遊世界和閱讀的自由既不是消極自由，也不是積極自由。

在這裏，我想提出另一種對自由的區分：外在自由和內在自由，以涵蓋以上批評所提出的環遊世界和閱讀自由。外在自由是指可以選擇項目的數量和種類，而內在自由則是指真正選擇的能力。舉個例，如果一間商場所提供食店的數量和種類愈多，我們在選擇食物方面的外在自由就愈大。外在自由可以包含柏林所講的消極自由，因為消極自由愈少即是限制愈多，我們可選

擇的項目也愈少，即外在自由也愈少。但消極自由並不等同於外在自由，例如一個像魯賓遜漂流落在荒島的人，他擁有最大的消極自由，因為沒有他人、法律和社會輿論對他的行為作出限制。但他所擁有的外在自由卻不多，因為在他可以選擇的項目如食物和工作的種類很少，他似乎注定要過一種捕魚和狩獵為生的生活方式。由此可見，我們擁有多少外在自由是視乎我們身處一個怎樣的世界。

至於內在自由，我認為它是積極自由的核心，例如一個事事聽命於父母的人，其實就是父母為他作選擇，他並沒有作出真正的選擇，也就是沒有自主性。要注意的是，有另一種意義下對內在自由和外在自由的區分，內在自由是指道德自由，而外在自由則是行動自由，見 142 頁。

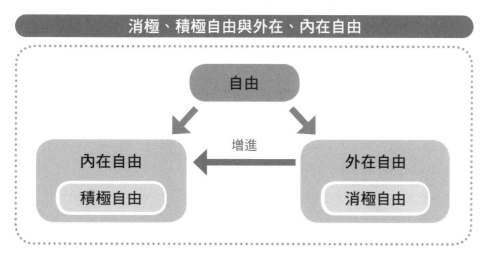

消極、積極自由與外在、內在自由

自由

增進

內在自由
積極自由

外在自由
消極自由

　　柏林不主張積極自由，原因是提倡積極自由會導致不自由。即使有經驗
證據證明提倡積極自由會產生自由墮陷的問題，但兩者並沒有必然關係，積
極自由的核心意義是真正選擇的能力，若用強迫的手法，即表示當事人並沒
有作出真正的選擇。即使說積極自由的基本意義是自我主宰，又假設我們同
意某種唯心主義所講的真我，或理性主義形上學所講的理性引導才是真正的
人生目標，但人必須通過自己的努力，用自己的力量去完成目標才算是真正
的自我主宰。

　　正如前面所講，我認為消極自由和積極自由是互相補足的。對消極自由
的限制愈大，就會對真正的選擇能力造成負面的影響，削弱我們的積極自由。
所以，我認為積極自由應包含一定程度的消極自由。情形就好像消極權利和
積極權利的關係，說權利有兩個意思，會容易令人誤會它們是兩種獨立的權
利，但兩者在邏輯上是有關聯的，積極權利包含了消極權利。比方說，反對
生命的消極權利卻又贊成生命的積極權利，是自相矛盾的。同理，贊成積極
自由的人就一定要贊成一定程度的消極自由。

　　內在自由或積極自由對於實現人生意義十分重要，但若要提升人民的內
在自由或積極自由，政府可做的工作只能夠是間接的，那就是創造有利於提
升積極自由的環境。例如提供更多的選項（外在自由），增加社會的多元性，
讓人民接觸到不同的生活方式和價值觀。還有就是通過教育，培養人民的批
判性思考，使他們能夠對來自父母、社會和傳統的價值作出批判，選擇一些
他們真正相信的東西。

　　有人擔心這是否一種強制，強制人民接受批判性的教育，及這樣會增加
政府的權力，最終會損害我們的自由和權利。很多自由主義者相信所謂「低
度政府」，政府只擔當守夜人的角色，權力愈少愈好。先就教育來說，培養

人民批判性思考的能力並不是主張某種特定的人生目標，而是增加人民選擇的能力，抵抗廣告和政治宣傳，作出更適合自己人生目標的選擇，對提升積極自由有貢獻。另外，認為政府的權力超過了守夜人，就會損害我們的自由和權利，亦不一定，要視乎政府用權力來做些什麼。舉個例，若我們認為政府有義務提供適度的醫療保障，那些因為貧窮而不能負擔某種醫療服務的人就會受惠，這其實是增加了選項，增進了他們的外在自由。

從這個角度看，市場經濟對提升積極自由也有幫助，因為市場能提供人民的不同的需要，增加了選項。市場經濟亦即是自由經濟，這正是下一節的主題。

3 海耶克

海耶克（Friedrich August von Hayek, 1899-1992）是奧地利人，著名經濟學家，1974 年獲諾貝爾經濟學獎，但我認為他的真正身份是自由主義的捍衛者。他經歷兩次世界大戰，深感納粹主義和法西斯主義帶來的禍害，他認為這些集體主義的源頭其實是社會主義，1944 年他出版了《通向奴役之路》，就是要指出極權主義的源頭，抨擊社會主義，並向世人發出警告。戰後社會主義席捲全球，半個世界成為共產國家，即使在民主自由的社會，亦存在不少有集體主義傾向和社會主義思想的支持者。海耶克在二次世界大戰時已移居英國，體會到當時英國深受到社會主義的影響，例如政府規劃工業，企業收歸國有及福利主義等。

後來海耶克到美國任教，在 1960 年出版了《自由憲章》，他自許為洛克和彌爾這個自由主義思想傳統的繼承者，有評論者亦謂此書足以媲美 19 世紀彌爾的《論自由》，不過海耶克認為彌爾的思想已經滲入了社會主義的成分，他寫此書的目的就是要扭轉這個方向，在此書中海耶克重新解釋自由的價值，特別是經濟自由的意義，及力陳社會主義的禍害。1982 年海耶克出版了《法律、立法與自由》一書，重申法治是自由的守護神。《通向奴役之路》、《自由憲章》和《法律、立法與自由》可謂海耶克自由主義的三步曲。海耶克自由經濟思想對英國首相戴卓爾夫人和美國總統列根的政策都有實質影響。

自由之路

16 世紀的宗教改革打破了天主教的壟斷，人有權找尋通往上帝之路，宗教自由打開了自由之路，導致 17 世紀開始的政治改革，洛克的權利思想影響了英國、法國和美國的政治革命，人民得到了政治自由。到了 20 世紀，海耶克主張經濟改革，反對政府對經濟的規劃，及對市場的干預，充分實現經濟自由。

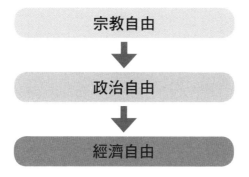

❶ 個體主義與集體主義

自由主義雖然是一種政治哲學，但涵蓋的範圍並不限於政治，舉凡道德、經濟，社會，甚至自我，它其實是現代西方社會的奠基原則。個體主義正是自由主義有關自我和社會的理論。

在《通向奴役之路》一書，海耶克追溯了集體主義的源頭，他認為笛卡兒理性主義所開啟的個體主義是一種「假個體主義」，而盧梭的理論就是繼承這種假個體主義，所謂假個體主義的意思就是它最終會走向個體主義的反面，即集體主義或社會主義。笛卡兒崇尚理性，認為理性足以審判一切，並

重新建立秩序，這產生了後來以理性來規劃社會的社會主義，也必然會導致強迫個體服從所謂集體的目標，此所謂奴役。而盧梭所講的「公共意志」和「公共利益」，也很容易會走到集體主義和極權主義這條路上，法國大革命之後掌權的雅各賓黨，就認為政府代表人民的意志，所以反對政府就等於反對人民，必須鎮壓。海耶克晚年寫了一本書叫做《致命的自負──社會主義的錯誤》，「致命的自負」就是指這些知識分子對理性萬能及公共意志的迷戀，滿懷希望地試圖改造社會，最後導致極權社會的出現，為害人間，正所謂「好心做壞事」。

那什麼才是「真個體主義」呢？那就是由洛克所開創，它重視的是個人的價值，尊重每一個人的自由及作出的選擇。海耶克認為，由於（一般來說）每個人都比其他人更了解自己的利益，讓人自由選擇和追求個人的目標，社會自然會形成秩序，成就比理性規劃更多和更好的事物。由於人類的理性和知識都是有限的，對於社會的發展根本不可以預知，我們只可以說自由是社會發展的有利條件，以為理性可以規劃社會發展只為帶來災難。

這種以為理性萬能的觀點源於笛卡兒，經啟蒙運動廣泛傳播，的確，我們在自然科學取得巨大的成就，於是社會學家也以為可以像自然科學對待自然一樣，對社會進行預測；也以為可以像工程學對待機械一樣，對社會進行改造。海耶克指出，社會是極其複雜的，我們所擁有的知識都是非常有限和局部，以為理性可規劃一切，注定是失敗的；而且由於政府要管理的事實在太多，就必須增加政府的權力，為了達成堅定不移的目標，又勢必要壓制反對的聲音。

兩個自由的傳統

有兩個追求自由的傳統，一個是英國傳統，另一個是法國傳統。

英國傳統	法國傳統
重視的是以個人選擇實現為自由	強調個人服從自己所訂的法律為自由
社會的發展是自然演化和漸進的	社會的發展是人為設計和激進的

海耶克對知識分子的批評

在海耶克的時代，很多著名的知識分子都支持社會主義，例如羅素和愛因斯坦，針對這個現象，海耶克對當時的知識分子作出批判。

對支持社會主義知識分子的批評

缺乏經濟知識	知識分子的自負， 不甘屈服於市場的力量

❷ 自由經濟與計劃經濟

海耶克對自由的界定是「被人為的強制」，相當於柏林所講的消極自由，但不同於柏林，海耶克強烈反對積極自由，因為集體主義和社會主義往往就是用實現積極自由來對控制人民。

海耶克認為自由在社會演變中擔當重要的角色，自由促進繁榮。如果讓大家自由嘗試，就有可能創造出一些更好的辦事的方式，帶來發展和進步。其中最重要的就是市場經濟，透過市場，每個參與者都可以自由買賣，滿足自己的需要，因而得益。生產者透過市場，出售貨物或服務，獲取利潤；而消費者則可以購買滿足自己需要的貨物或服務。當然，自由經濟必須有競爭，通過競爭，貨物或服務就可以不斷得到改善，或者創造新的貨物或服務。

在市場經濟中，每一個參與者都是根據自己的目的而行事，並不需要所謂共同目的或價值。正如阿當史密斯所說，市場就像一隻無形之手，將所有參與者協調起來，建立一個有規則可循的秩序。海耶克認為，市場是一個自發的秩序，所謂自發秩序的意思是指這個秩序不是由於外力或內力所形成，而是由各個元素的互動所產生。在人類歷史上，市場秩序也是慢慢演變出來，首先人類通過以物易物，然後發明了貨幣，接着是產權和合約規則的出現，最終締造了今日全球龐大的交易市場。除了市場，語言也是自發秩序的最佳例子，沒有人設計過語言，語言的規則是在演化的過程中出現。

海耶克用了原野小徑的比喻來說明自發秩序的意思，一條原野的小徑並不是有人刻意設計出來，只是跟隨一條曾經有人走過的路會比較易走，於是大家都走同一條路，慢慢就形成一條有規模的小徑。原先每個人都是為了自己的方便，結果出現了一條對大家都有好處的小徑。同理，市場經濟令所有人自願合作，聯合在一起，產生對大家都有益的結果。

市場經濟 VS 計劃經濟

市場經濟	計劃經濟
自發秩序	非自發秩序
沒有發施號令者，參與者根據個人目標，及遵守規則而行動，秩序自然而成	有發施號令者，用命令維持秩序，個人不過是完成目標的工具

在市場經濟中，每個參與者要做什麼事都是自己決定的，例如要生產什麼東西或購買什麼，當然他要遵守某些規則如法律和誠實等。相反，計劃經濟就不同，要生產什麼，如何生產，什麼人負責生產，分配到那些人，都是由中央下達命令來決定。但問題是，決策人根本就不可能掌握到足夠的資訊，例如「人民需要什麼」，因為每個人的需求都不同；又例如，「每個人有什麼才能」，所以也不能充分運用人才。這些資訊極其龐大，而且又十分分散，它涉及每一個人的價值觀和行事的動機。因此，這種的生產不但沒有效率，而且生產出來的東西也欠缺改善的空間。但在市場經濟中，價格機制所提供的信息就足以讓我們行動，節省了不少時間和精力。舉個例，現在防水布的價格因需求的增加而上升，作為生產商，就會試圖找一些更便宜的物料來製造防水布，或者製造一種有防水布功能的代替品，這樣就可以將資源引導到最佳的用途上，減少了資源的浪費。

有人以為，今日的社會和經濟愈來愈複雜，所以必須由政府來控制，才能維持秩序；但海耶克認為剛好相反，正因為社會和經濟太複雜，根本沒有人可以對此充分了解，管制和干預只會適得其反。

海耶克 VS 馬克思

社會主義之所以盛行，很大程度是由於當時不少知識分子認同了馬克思對資本主義的批判，但忽略了馬克思經濟理論的真確性，而海耶克就在這方面對馬克思進行了反擊。

馬克思	海耶克
資本主義會被內在矛盾所摧毀，競爭是汰弱留強，最後會剩下幾間龐大的公司，壟斷市場，謀取暴利。所以唯一的解決方法是由中央作出干預	大規模公司的行政費用高，雖然大量生產是有優勢，但不能靈活面對市場的變化，不及小規模的公司，尤其是小眾喜好的產品
在自由經濟中，競爭促使生產各類產品，造成生產過剩，浪費資源。計劃經濟只需生產少量標準化的產品就夠了，那可以提供效率，減少浪費及廣告宣傳等不必要的開支	競爭會帶來進步，可以不斷改善產品的質素，多樣化的產品更可滿足消費者的不同需求

❸ 自由、法治及民主

海耶克對自由主義理論的貢獻主要是在經濟方面，比較少談及政治自由，但他在《法律、立法與自由》則指出，市場經濟和私有財產能為其他自由如思想自由、言論自由和宗教自由提供保障。換言之，在眾多自由中，經濟自由有一種根本的重要性。

但對自由最有力的保障還是法治，然而法治並不單單是守法。海耶克將

法律區分為兩種，一種是經社會長期演變，並獲大多數人接受的行為規則，這些規則可以是道德規範、宗教規範，或是植根於大家心中的正義感，這些規則已被大家視為理所當然，也不是政府可以隨意改變，法院的責任之一就是用語言文字來表達這些規則的真正意思，所謂法治就是維護、說明和遵守這些行之有效的規則。另一類法律是政府為了管理而訂立的指令。海耶克指出，在集體主義的國家，由於要實行計劃經濟的特定目標，需要訂立很多相應的指令，但無可避免，這些指令都會入侵私人領域，因為個人不過是達致目標的工具，以指令取代規則，法治遭到破壞。

至於民主政治和自由主義，海耶克認為兩者並沒有必然關係。民主只是權力產生及法律制定的方式，而自由主義關心的是限制政府的權力，免於侵害人民的自由和權利。所以如果以為權力來自人民就不用限制政府的權力是很危險的，民主政府也可以是一個極權政府。海耶克指出，跟自由主義相對的是極權主義，而跟民主政治相對的是權威政治。理論上，我們可以有極權的民主政治，或自由的權威政治。當然，經驗上，民主政治和自由主義最能配合在一起。

海耶克認為民主還有兩個隱憂，一個是民主政治的多數決會產生承諾照顧多數人利益的福利主義，最終會損害我們的自由，社會福利就是將資源重新分配，增加了政府的權力，例如累進稅就會傷害有錢人的財產權利。另一個是政客和政黨為了得到更多的選票，亦會向利益團體承諾更多的好處，干預市場的運作，損害其他人的權利。

為了防止以上的情況出現，憲法是必須的，因為憲法是在一個更高的層次上對民選議會作出約束，而海耶克構想中的憲法有兩個議會，一個是立法議會，負責制定公正行為的規則，用於約束政府和每一個人的行為，包括刑法；

另一個是政府議會，負責制定政府的行為規則，如行政法。如果兩個議會發生衝突，則交由憲政法院來裁決。

海耶克構想的立法議會議員組成

立法議會必須獨立和政治中立，以下的條件就是要使議員不受利益集團或所屬的政黨影響，作出獨立而公正的判斷。

年齡	45 歲以上
任期	15 年
選舉方法	間接選舉，由各區派代表互選產生
改選	每年一次，改選十五份之一
限制	在政府議會或政黨任職者不得參選

❹ 社會主義、公正及平等

市場經濟的理念源於英國的亞當史密斯，是 18 世紀的思想主流，這種「政府愈少管制就愈好」的思想，使得生產力和創造力從過往政府的限制下解放出來，促進了工商業的發達，帶來巨大的經濟增長。但到了 19 世紀，自由放任的經濟的流弊亦相繼出現，最明顯的就是貧富懸殊愈來愈嚴重，而且自由放任的後果就是經濟蕭條，影響社會的穩定。社會主義的出現，除了之前所講的思想源頭之外，也有其社會因素。社會主義吸引了當時大部分的知識分子，他們相信，人類經濟活動的原理應該由追求利潤轉向以「福利」為

中心，自由民主社會下一步就是社會主義所承諾的美好社會，彌爾中年之後的思想亦有社會主義的成分。

雖然社會主義有很多種，但其目標是一致的，就是實行計劃經濟，生產和分配都由國家來控制，以達致公正和平等的社會。它們的分別只在於所採取的手段，最激進的當然是主張武力革命的馬克思主義，而費邊主義則較為溫和。雖然二次世界大戰之後有不少國家奉行社會主義，就連自由民主的國家如英國也有一定程度的社會主義實驗；但其實在 1950 年之後，社會主義已失去號召力，因為這些社會主義國家，除了經濟平等之外（人民同樣貧窮），其生產力和創造力遠遠低於實行市場經濟的自由民主國家。不過，對平等和社會公正的追求並沒有消失，而是轉向福利國家的實現。

海耶克並沒有反對所有福利政策，但反對以社會公正作為福利政策的目標。對他來說，公正只適用於個人的行為，一個社會無所謂公正或不公正。嚴格來說，海耶克並不是極端的自由主義者，因為政府的角色並不限於守夜人，在不違反自由競爭的原則下，政府要負責社會救濟，照顧社會上的不幸者，如殘障人士，也要資助教育、醫療、基建等服務，為自由競爭提供有利的環境。即使這是一種規劃，也是為競爭而規劃。海耶克還贊成人民有義務服兵役，這亦是他跟極端自由主義者不同之處。

政府的功能

　　海耶克認為政府有兩個主要功能，一個是強制性的，另一個是服務性的。不過，兩者是有關連的，因為政府所提供的服務如教育和醫療，其經費來自稅收，而徵稅本身就是一種強制性行動。

強制性功能	在法治下，合法地使用武力維持社會秩序，防止殺人、暴力、搶劫、偷竊等損害自由的行為
服務性的功能	負責社會救濟，照顧不幸或殘障人士，也要資助教育、醫療、基建等服務

　　至於平等，海耶克只接受法律面前人人平等，而經濟平等、機會平等及起步點平等一律反對，因為提倡這些平等只會增加政府的權力，入侵私人領域。他認為，大家只注意到自由經濟所帶來的經濟不平等，但沒想到自由經濟帶來的好處，經濟繁榮令得現在的一個普通人，可以擁有古代帝皇都沒無法得到的物質享受；而且經濟不平等造就的富有階層，有經濟能力購買一些價格高昂的產品，有利於創新和發明，而這些產品後來都得以普及起來，令大眾受惠。例如電話、電視和汽車，最初生產出來時都是給少數人享用。

　　他更擔心政府借教育和平等之名，利用教育控制人民的思想。例如普魯士受了拿破崙入侵的教訓，為了建立一個強大的國家，於是實行了國家教育，用教育控制人民的思想，特別是灌輸國家意識形態，為以後的軍國主義埋下了伏線，這也是希特勒極權主義得以出現的原因之一。

但問題是，追求社會公正和某種程度的平等（如機會平等）就一定會損害我們的自由，或最終走向社會主義嗎？海耶克並未給出令人信服的理由；相反，洛爾斯的《正義論》向我們表明，可以在不損害自由權利的情況下追求公正和平等。

干預與不干預

很多人以為市場經濟就是自由放任，政府愈少干預就愈好，但海耶克認為，有害自由競爭的東西必須作出干預，有利自由競爭則不應作出干預。從這個角度看，近期政府對樓市作出的干預是錯誤的。

不應干預	產量和價格
應該干預	壟斷市場或勞動力

4 結語

　　自從「自由」登上政治舞台後，引發了一連串的政治革命，推動了社會的發展和進步。雖然自由經濟帶來了繁榮，但亦增大了經濟的不平等，貧富懸殊加深了社會的矛盾，催生出社會主義，追求平等和社會公正引發另一輪政治的革命。在西方社會，隨着共產主義國家的倒台，民主自由作為政治的基本原則似乎已經沒有爭論的餘地。

　　在自由民主的社會，差異性得到充分的展現，正如彌爾所講，容忍是十分重要。在價值多元之下，發生衝突也是無可避免的，正如柏林所講，協商是解決紛爭的方法。由此可見，容忍和説理是現代社會的兩個重要德性。

　　自由的價值是不容置疑，但太強調自由亦會產生問題。以下我們會討論一些對自由主義的批評。

對自由主義的批評

對自由主義的批評	來源
放縱，不守紀律	保守主義
貧富懸殊	社會主義
欠缺共同價值	社群主義

　　保守主義認為，社會太過自由，是導致下一代放縱和不守紀律的主因。即使這是事實，但那不過是自由的濫用，不是自由主義本身的問題。除了濫用自由之外，權利也有濫用的問題。今天我們講的權利愈來愈多，除了人權宣言中的權利之外，還有知情權、私隱權、消費者權利、病患者權利、傷殘人士權利、不受歧視的權利等等；甚至有所謂動物權利、植物權利和地球權利。真是權利氾濫！自由主義背後是個體主義，而權利本身又是一些「好處」，爭取個人的利益，當然是愈多來好。要防止權利的氾濫，就要重新檢視權利的「目的」，它是用來防止人為的惡，保障人的尊嚴，這亦可以是限制權利的標準。所以我認為不應將「福利」視為人權，人應該憑自己的努力去爭取社會利益。至於所謂動物權利、植物權利和地球權利更加不能成立，因為它們沒有道德意識，權利的基礎在於人的尊嚴。

　　另一個對自由主義的批評來自社群主義，罪名是社會欠缺共同價值。社群主義認為自由主義弄錯了個人和社群之間的關係，洛克所設想的自然狀態預設了人的「自我」可獨立於社會，將自我化約成只有選擇的能力。但人其實是社會化的產物，人的喜好和價值是受社會所影響。自由主義將「自我」和「目標」分離，每個人都有自由去選擇自己的人生目標；但對社群主義來說，這種個體主義將社會視為達成其人生目標的工具，只能成就個體的價值，社群價值如友誼和家庭就很難充分實現，缺少了共同價值，就不是一個理想的人生，也不是一個理想的社會。

　　面對經濟上不平等的問題，自由主義陣營有兩種不同的回應。一種是重視平等的自由主義，以洛爾斯為代表，強調在出發點上盡量做到平等。例如一些從內地來港的新移民子女，在求學的起步點通常都不及香港出生的兒童，所以政府需要額外幫助他們。另一種是極端的自由主義，以諾錫克為代表，

從他的角度看，重視平等的自由主義其實是某種程度的社會主義，例如北歐等福利國家就是用累進稅等措施，減低貧富的差距，但這樣做一方面損害了高收入人士的財產權利，另一方面會增強了政府的權力，違背了原初的自由主義。

　　我認為在回應經濟不平等的問題上，重視平等的自由主義較為可取，因為自由經經濟是容許一個人無限量累積財富，所謂富可敵國，經濟權力足以影響政治，甚至是政治權力的分配。例如一些跨國公司，其財力足以影響非洲小國的政治決策。別忘記權利的「目的」是要防止暴政對人的傷害，事實證明，經濟權力會影響政治決定，所以限制經濟權力也並非不合理。下一章我們會討論洛爾斯和諾錫克的公正理論。

自由主義的分類

　　自由主義有很多分類的方法，根據時間，可以分為古典自由主義和現代自由主義；若根據對平等的重視，則可分為重視平等的自由主義和極端的自由主義。以下我以對平等的重視程度，包括機會平等和經濟平等，將洛爾斯、彌爾、海耶克和諾錫克排列為一個次序。

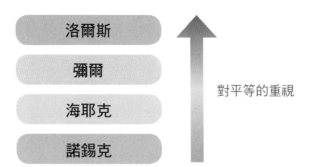

洛爾斯
彌爾
海耶克
諾錫克

對平等的重視

第五章

公正
哪一種公正？

對思想來說，首要的德性是真理；

對社會來說，首要的德性是公正

——洛爾斯

　　上一章提到，海耶克説公正只適用於形容人的行為，並不適用於形容社會，所以説社會公正或不公正根本毫無意義。但真的嗎？批評奴隸社會不公正真的是毫無意義嗎？亞里士多德對公正行為的定義是這樣的，「公正行為就是不取自己不應得到的東西」，什麼是「不應得到的東西」往往是一種社會規範，由社會來界定。但社會規範一定是對嗎？

　　跟「自由」比較，「公正」是一個古老得多的價值，柏拉圖所講的四大德性，公正就是其中之一。但柏拉圖所講的公正，跟今日我們所了解的似乎相去甚遠，在第一章我們已經討論過柏拉圖的政治思想，理想國是一個階級分明的社會，每個階層都能發揮它的功能，社會和諧一致，這就是公正。可是，從現代人的角度看，柏拉圖的理想國反而是一個不公正的社會，因為這種階級分明的社會既沒有自由，也沒有平等。自從法國大革命之後，自由和平等成為了人類追求的目標，亦形成了現代人的公正觀念。

　　要評價一個社會可以有很多標準，例如安全、效率、自由、繁榮等等，但最重要的還是公正，社會若不公正，肯定不是一個好的社會。現代社會講的公正有兩種，一種是報應的公正，另一種是分配的公正。前者涉及刑法，後者則有關社會利益的分配。這一章討論的是分配的公正，我們先會介紹兩個當代自由主義哲

學家的公正理論，一個是比較注重平等的洛爾斯，另一個是被稱為極端自由主義者諾錫克，然後再討論馬克思的思想，了解所謂社會主義的公正又是什麼一回事。

公正的三種用法

公正可以形容個別的行為、個人或社會。而行為及個人的公正是由社會公正衍生出來。

公正的行為	某個行為是公正的
公正的人	經常做出公正的事
公正社會	社會制度是公正的

1 洛爾斯

　　洛爾斯（John Rawls, 1921-2002）是美國哲學家，任教於哈佛大學，1971 年出版了《正義論》一書，這是一本劃時代的著作，原因之一是它引起了社會的極大回響，不單是哲學圈，連經濟、法理和政治等專業領域也有人討論他的主張。另一個原因是這本書打破了英美哲學在倫理學和政治哲學方面的沉悶局面，自從維根思坦開創了日常語言學派之後，英美哲學就以語言分析為主流，甚至有人主張將價值排除在哲學之外，倫理學和政治哲學的工作只是分析倫理和政治概念，不應建立規範性的思想；而在歐洲大陸，政治哲學的討論幾乎被馬克思主義所壟斷。上世紀 60 年代的美國社會出現了很多社會活動，如民權運動、嬉皮運動、新左派運動、反越戰運動等，都對現存的自由民主制度產生質疑。某個意義下，《正義論》像是回應這些挑戰，為現存的制度辯護。

　　在日常生活中，早已存在很多分配原則，例如平等分配、按需要分配、按貢獻分配、按能力分配、按努力分配等等。至於在什麼情況應採用什麼原則，我們通常是憑直覺來判斷。例如，醫療福利按需要分配；工作收入就按貢獻和能力來分配。不過，直覺之間可能會出配衝突，不同的人亦有不同的看法，例如有人就認為，按需要分配並不是公正，而是出於仁慈。我們可否建立一些更基本的公正原則呢？洛爾斯所做的就是這樣的工作。

《正義論》的架構

第一部分	公正原則如何產生
第二部分	公正原則如何運用於社會制度
第三部分	公正原則如何與倫理觀念聯繫

❶ 程序公正

洛爾斯認為，社會利益是社會成員合作產生出來的，至於如何分配這些利益，需要的是一組大家都同意的公正原則。如何得到公正的原則呢？洛爾斯採取契約論的進路。要注意的是，傳統契約論要說明的是政權的合理性，就是獲得人民的同意授權，它是用來建立政府。但洛爾斯所講的同意則是一組公正原則，它是用來組成社會基本結構，即是憲法、法律、政治和經濟制度等如何組成。換言之，洛爾斯的契約論是用來建立組成政府的原則，所以自稱將契約論推向一個更高的抽象層次。

公正原則的理據是契約，而產生的方法則要符合純粹的程序公正。要了解什麼是純粹的程序公正，最好跟另外兩種程序公正比較，一種是完美的程序公正，另一種是不完美的程序公正。完美的程序公正是指我們知道什麼的結果是公正，並且有方法確保產生這個結果。例如四個人分一個西瓜，假設這個西瓜是意外獲得，也沒有人對獲得這個西瓜有所貢獻，那麼公正的分配就是將西瓜分為四等份，而每個人只拿一份。不完美的程序公正是指我們知道什麼的結果是公正，但沒有方法確保產生這個結果。例如刑法的公正，有

罪的人判有罪，無罪的人判無罪，這就是公正的結果，但法律的程序不能保證一定產生這樣的結果。至於純粹的程序公正，是指我們並不知道什麼特定的結果是公正，但有一個公正的程序，依照這個程序產生出來的任何結果都是公正的。例如打麻雀，只要沒有人犯規，到最後出現任何輸贏的結果都是公正的。

　　現在我們並不知道什麼是公正的原則，而通過純粹公正程序所訂立出來的原則就是公正。洛爾斯所講的原初境況就是為了提供一個純粹的公正程序，在原初境況經過大家商議，一致贊成的分配原則就是公正。

三種程序公正

程序公正	結果	程序	例子
完美的程序公正	有特定的公正結果	可確保公正結果的程序	平分西瓜
不完美的程序公正	有特定的公正結果	沒有可確保公正結果的程序	刑法
純粹程序的公正	沒有特定的公正結果	經程序產生的任何結果都是公正	投票，抽籤

　　除了契約之外，另一個證立公正原則的方法叫做「反思平衡法」。首先我們從直覺出發，經過深思熟慮之後，得到一組有關公正的判斷，然後跟原初境況得出來的原則作比較，比較是一個往反修正的過程，有時我們可能修改經深思熟慮的所作的判斷，有時又可以修改原初境況推導出來的原則，直到兩者達致一個平衡，互相吻合。

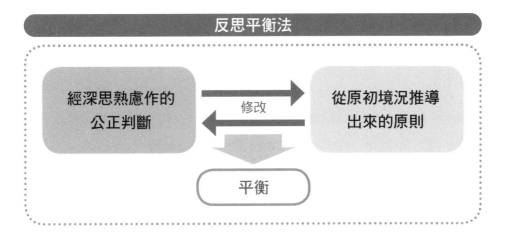

❷ 原初境況

原初境況是一種思想實驗，它的地位類似傳統契約論所講的自然狀態。洛爾斯對原初境況的設定是這樣的，立約者被一個無知之幕所遮蔽，不知道自己的具體情況，包括性別、種族、能力、喜好、社會階級及宗教信仰等，也不知道自己身處的是什麼社會，只知道有其理性的人生計劃要實現，及擁有一般有關政治、經濟和心理的知識。立約者要做的工作就是商討應該建立什麼原則，用來分配基本有用物品，包括自由、權利、機會、收入、財富、地位及自尊，這些基本有用物品對任何人生計劃都是必須的。

合乎理性的人生計劃

在這裏，洛爾斯所講的「理性」是弱意義下的理性，相若於「工具理性」，但不能告知我們目的本身是否「合理」。理性包括以下三個原則：

最有效手段達致目的原則	假設 A 和 B 都能達成某個目的，但 A 比 B 花費的效益少，所以我們會選擇 A。又假設 A 和 B 所花費的效益差不多，但 A 比 B 達成某個目的的程度高，所以我們會選擇 A。
包容性原則	假設 A 和 B 都能達成某個目的，但 A 能達成另一些我們所欲的目的，而 B 則不能，所以我們會選擇 A。
或然率原則	假設 A 和 B 都有可能達成某個目的，但 A 比 B 有更高機會達成這個目的，所以我們會選擇 A。

　　由於不知道自己的具體身份和能力，在這種不確定的情況下，立約者在選擇公正原則的時候，就會採取保守的態度，認同於社會上最不利的階層，因而會採用最高程度最低額的規則來選擇分配基本有用物品。「最高程度最低額」的意思是從幾個最差的可能狀況之中選擇最好的，這是在不確定情況之下的理性決定。

最高程度最低額

　　假設現在有 A、B、C 是三個選擇，而 D1、D2 和 D3 則是每個選擇所出現的可能狀況。若根據最高程度最低額的規則，我們應該選擇 A，因為最差的情況我們也可以得到 3，比 -2 和 -5 要好。

	A	B	C
D1	3	-2	-5
D2	10	7	16
D3	18	20	40

　　對洛爾斯理論的常見批評是質疑原初境況的設定，例如，為什麼立約者不會冒險，選擇最高程度最大額呢？如果是羅馬時代，最好當然是當皇帝，但最差就要當奴隸。由於在無知之幕的限制下，根本計算不到風險有多大；所以理性的立約者是不會冒險作這個選擇。又例如，為什麼不假定立約者是利他呢？我反而覺得這是西方文化的智慧，首先假定人是自利的，然後找出一種制度讓大家既可公平爭取個人的利益，又可成就社會秩序。

　　亦有人反對契約論的人說，這根本不是真實的契約，沒有約束力。當然，這只是思想實驗，但不可以因此就忽略了它的說服力，現實上不同的人對公正的看法固然不同，這往往跟個人利益有關，例如採用累進稅將財富重新分配，窮人覺得這是十分公正，但富人就不是這樣想了。所以將個人的特殊利益排除掉，有助我們找到真正的公正，至少是有共識的公正。又例如，當兩個人有爭執，我們或者會找第三者來評理，第三者必須保持中立，最好是不認識當事人，甚至對當事人的資料知道的愈少愈好，這樣就不會有所偏袒，正如無知之幕的設計，「無知」帶來了「無私」。

❸ 公正的兩個原則

　　除了最高程度最低額這個規則之外，所選擇的公正原則也有形式的限制：一般性、普遍性、公開性、終極性，及對衝突主張有一次序的排列。還有，如果一個公正觀念不能使人對此觀念產生據之而行動的慾望的話，則此觀念將不會被選擇，因為不穩定性將很難保障社會的有效合作。

如何排除其他候選原則

一般性限制	可排除第一身獨裁的利己主義（每一個人都應該為每一個人的利益服務，這近乎自我推翻）及搭免費車的利己主義
次序限制	可排除普遍的利己主義，因為如果每個人都應該提升自己的利益，當有利益衝突的時候就沒法排解。也可排除直覺主義觀念，因為直覺主義觀念包含了一組原則，但缺少平衡原則之間的優先次序，只能訴諸直覺解決衝突
最高程度最低額規則	可排除功利主義，因為它有可能容許奴隸制這種最差情況的出現。也可排除完美主義原則，因為若承認某種支配性的目的，這可能損害宗教利益及其他基本自由
公開和終極	可排除混合觀念，雖然混合觀念包含了功利原則和最大均等自由的原則，不會產生奴隸制這種最差情況；但由於公正原則是終極和公開，所以功利原則會要求個人為了整體利益而放棄自己利益，這是一種過分的道德要求，也會影響正義感的穩定性

　　洛爾斯認為立約者最終會選擇兩個公正原則，第一個原則是每一個人都擁有最大和相同的自由權利，包括政治上的投票權和被選舉權、言論和思想自由、集會和結社的自由、人身自由和（有限制的）財產自由等。第二個原則是經濟和社會利益的不平等分配要符合兩個條件，第一個條件是要對社會上處境最差的人有利，第二個條件是所附隨着的職位和工作是對所有人開放。

換言之，第二個原則有兩部分，前者可稱為「差異原則」，後者可稱為「機會均等原則」；至於第一個原則亦可稱為「最大均等自由原則」或「平等自由原則」。洛爾斯認為第一個原則比第二個原則有優先性，而第二個原則的第二部分亦比第一部分有優先性。當第一個原跟第二個原則有衝突時，必須服從第一個原則，例如不可以為了提升經濟利益而犧牲自由的權利。當「機會均等原則」和「差異原則」有衝突時，就必須服從「機會均等原則」，例如不可以為了幫助社會上最不利的人而損害機會平等。

為什麼自由有優先性呢？因為沒有思想自由，我們就不能形成對我們來說所謂「有價值的東西」，不能建立自己的目標，也就沒有人生計劃可言。而其他的自由如言論自由、結社自由、政治自由和人身自由等則是用來保障我們人生計劃內的利益和目標。

「均等機會原則」要求的是職位對所有人平等開放，而不是只對有能力的人平等開放，因為一個人的才能很大程度是受先天資質和後天環境的所決定，這是偶然因素，若利益分配是受此影響的話，在道德上是不可以接受的。所以應消除或減少先天和後天因素對分配的影響，盡量在起步點上做到平等。舉個例，即使我擁有相干的潛能，但由於出生背景較差，不能充分發展我的潛能，結果在競爭上仍然不及那些社會背景較佳的人。有一些做法是符合均等機會的原則，例如防止財產過度累積、保障教育機會的平等、文化知識和技術的傳授不應有階級的限制、學校制度亦不能有階級的限制等。

至於那些自然天賦較差的人，例如弱視的小孩，根據相同的道理，我們應該給予他們多一些教育資源，以彌補因自然缺憾而導致的起點上不平等，這樣做也可減低自然因素對將來經濟及社會利益分配的影響。不過，減低自然因素的影響是有一定的限制；因為有一些自然天賦太差的人，例如弱智兒

童，無論我們給予多大的教育資源，始終沒法令得他們跟一般小孩有差不多的起步點，兩者的差距仍然很大。

「差異原則」要求經濟利益的不平等分配要對社會上處境最差的人有利；換言之，要提升社會上其他成員利益的先決條件是能夠有利於處境最差的人。而社會上處境最差的人大多是天賦較低的人，如果經濟利益的分配能夠受「差異原則」限制的話，天賦的自然因素對分配的影響力將會減低。有一些措施如累進稅和社會福利，就可以做到財富再分配的功能，有利於社會上處境最差的人。洛爾斯將人的才能看成是社會的共有資源。

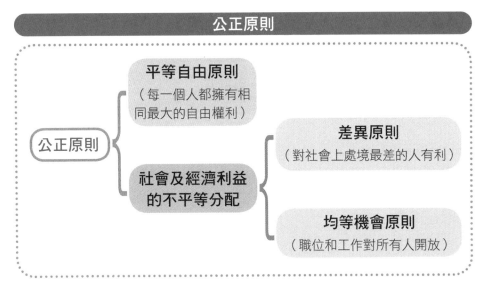

在這裏，對洛爾斯的一個常見的批評是，立約者不一定選出這兩個公正原則，例如立約者有可能選出最低保障原則，因為立約者在原初境況會認同社會上最不利的人，設立最低保障就可滿足他們生活上的基本需要，如食物、醫療和住屋等。

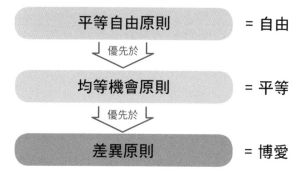

公正＝自由＋平等＋博愛

　　我認為洛爾斯的公正原則對應着法國大革命所追求的三大價值：自由、平等和博愛。

| 平等自由原則 | ＝自由 |
| 優先於 |
| 均等機會原則 | ＝平等 |
| 優先於 |
| 差異原則 | ＝博愛 |

❹ 公正社會的建立

　　正如前面所講，公正原則是用來組成社會的基本結構，首先立約者會用平等自由原則來制定憲法，在這一個階段，無知之幕有部分被揭開，立約者可以知道自己身處社會的自然資源、文化水平和經濟狀況，但還不知道社會階層的具體情況及自己的身份。洛爾斯認為立約者會訂立一種立憲民主制度，憲法制定之後，下一步就是立法的工作，立法不可以違反憲法，這時無知之幕進一步被揭開，立約者知道社會的具體狀況如社會階層及階層之間的利益衝突，但立約者還不知道自己的特殊利益。公正的第二個原則會引入制定有關的政策，如經濟制度，要在大家享有平等自由和機會均等的條件下，有利於社會上處境最不利的人。最後一個階段就是具體政策的制定，無知之幕完全揭開，立約者知道自己真正的身份，進入社會，追求自己的人生目標。

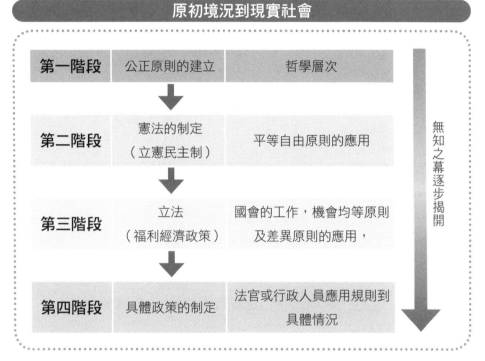

在現代民主自由的社會，人有着不同的宗教信仰、人生目標，及美好生活的觀念，價值是多元的。在這種情況下，要讓所有人和平共處，公平競爭，各自追求自己的理想，我們需要的是有一致性和普遍性（相對於民主自由的社會），並且大家都接受的公正原則，難怪洛爾斯說公正是社會的首要德性。換言之，大家可以有各自不同的美好生活的觀念，但必須都有相同的公正觀念，這樣社會才有良好的秩序，正義感對維持社會的穩定十分重要。這就是「正當」的優先性，公正原則是各人追求美好生活的合理限制。

雖然美好生活是多元，但基於我們對人的需求和才能的一般了解，有些需求的滿足具有重要性和普遍意義，例如情感、友誼、知識的追求、美的欣賞、

社會合作、有意義的工作等，這些需求不單對當事人有益，也很有可能令其他人受益。關於才能方面，洛爾斯引用亞里士多德原則來說明，人實現才能會感到快樂，而這種快樂會跟能力的增強和複雜性的增加成正比。換言之，愈精於某種活動，或某種活動愈複雜，人就會愈有滿足感，因為它給予我們新奇的經驗及創造的空間，形成個人的風格。不過，亞里士多德原則不能導出任何具體人生計劃的目的，它只是一個動機原則。

公正與價值

　　洛爾斯說公正優先於價值，價值是指美好生活而言，而在原初境況中，基本有用物品也是一種價值，洛爾斯稱之為單薄價值論，相對於單薄價值論，對美好生活的說明就叫做完全價值論。

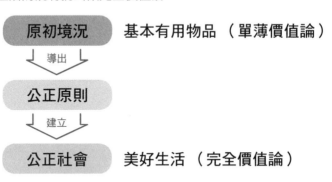

2 諾錫克

　　諾錫克（Robert Nozick, 1938-2002）是洛爾斯在哈佛大學的同事，也是洛爾斯的批評者。1974年諾錫克出版了《無政府‧國家與烏托邦》一書，提出自己的公正理論，並反駁洛爾斯所主張的分配原則。諾錫克指出，很多人討論分配公正的問題時，已經假定了政府需要負責分配社會資源的工作，爭議不過是採用什麼分配原則，但諾錫克認為，這個假定根本是錯誤的，應該從生產的角度來看「分配」的問題。而事實上，生產出來的東西都已經被人所擁有，問題是怎樣才算是公正地擁有，而他的公正理論就是關於公正擁有。

　　《無政府‧國家與烏托邦》一書分為三部分，第一部分是處理無政府主義的問題。無政府主義者認為，任何形式的政府都會侵害我們的權利，所以從道德的角度看，政府不應該存在。諾錫克回應了無政府主義的挑戰，他指出有一種政府不會侵害我們的基本權利，那就是最低度的政府，政府的職責只是維持社會秩序，防止暴力、偷竊、欺詐，及責成契約的履行，政府只擔當守夜人的角色。

　　此書的第二部分要說明的是若政府擴張權力，越過了最低度政府，超出了守夜人的職責，就一定會損害我們的自然權利，所以任何以追求公正和平等來支持非低度政府都是錯誤的，這明顯是針對洛爾斯的《正義論》。至於第三部分，指出最低度政府才是理想的國家，真正的烏托邦。

《無政府・國家與烏托邦》的結構		
第一部分	説明如何由自然狀態過渡到國家	反駁無政府主義
第二部分	説明國家權力超出最低度政府是不正當的	反駁洛爾斯的公正原則
第三部分	説明最低度政府提供烏托邦的架構	反駁傳統的烏托邦思想

❶ 最低度國家

諾錫克接受洛克的自然狀態及自然權利的説法，但最低度政府的成立理據並不是契約。由自然狀態過渡到政府或國家的成立，諾錫克比洛克有更詳細的分析和描述。在自然狀態中，如果有人侵害我的基本權利，我就有權追討及懲罰這個人，但由於個人的力量有限，而且每次要親身處理會帶來很大的不便，於是有人組成一些互助團體，合力保護大家的權利。然後就會出現一些出售保護服務的機構，保護我們的權利不受傷害，如果受傷害的話，則會做懲罰和裁決的工作。慢慢互助團體會消失，因為提供保護性服務的機構更有效率，大家都會轉而購買它的服務。經過一輪自由競爭之後，那些服務差的保護機構亦會被淘汰，最後很有可能在同一個區域只剩下一間保護機構。但仍然有一些無政府主義者拒絕購買保護服務，由於這些無政府主義者對保護機構的顧客構成潛在的威脅，所以當無政府主義者犯錯時，保護機構就會對他施加懲罰，繼而壟斷了合法武力的使用，將無政府主義者納入保護的範圍，這就成為了最低度國家。

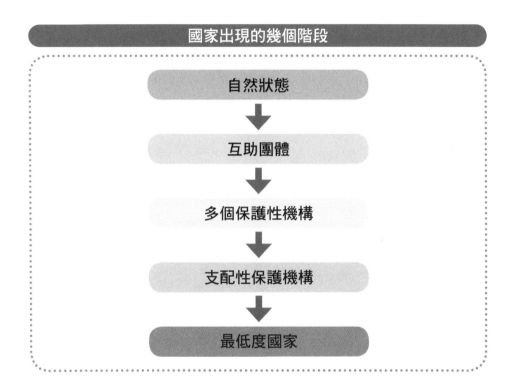

國家出現的幾個階段

自然狀態

互助團體

多個保護性機構

支配性保護機構

最低度國家

　　但問題是，當支配性保護機構轉變為最低度國家，需要強行將無政府主義者納入其保護範圍，這是否違反了無政府主義者的自然權利呢？如果是的話，諾錫克的最低度政府就沒法回應無政府主義者的挑戰：「任何形式的政府都會侵害我們的權利」。

　　古典自由主義認為國家的權力主要限於治安、防衛和司法，還包括貨幣和提供公共設施如道路，這也是海耶克的立場；但諾錫克所講最低度國家的權力比這個還要少。不過，還有比諾錫克極端的自由主義者，那就是經濟學家傅利曼所主張的「無政府資本主義」。

極端自由主義

一般來說，自由主義者認為政府權力愈大，就愈會傷害我們的自由權利，所以必須限制政府的權力。諾錫克、海耶克和傅利曼同被稱為極端自由主義者，但三者程度不同，分別在於對政府權力的認同。

傅利曼	無政府	/	
諾錫克	最低度政府	贊成自然權利，政府只擔當守夜人的角色	政府權力增加
海耶克	非最低度政府	不贊成自然權利，政府應維持自由市場的運作，及提供公共服務	

❷ 公正擁有

對諾錫克來說，其實並沒有公正分配的問題，只有公正擁有的問題。他指出，公正擁有有三個問題，第一個問題：「人如何有權利擁有一些本來是不屬於任何人的東西？」例如一塊土地。第二個問題：「人如何有權利擁有一些屬於他人的東西？」例如一間房子。第三個問題：「當人得到一些他沒有權利擁有的東西，該如何補救這種不公正的現象？」例如偷來的金錢。對於這三個問題，諾錫克提出了三個相應的原則，那就是佔取的公正原則、轉讓的公正原則及對不公正佔有的矯正原則。其中最重要的是佔取的公正原則，因為它涉及私有產權的證立問題，我們留待下一小節再討論，轉讓的公正原則主要建基在自願同意之上，至於矯正原則，諾錫克並沒有說明內容。但根

據這個原則，當年美國的白人佔取了印地安人的土地，就應該作出補償。

　　諾錫克認為只有以上三個原則才是分配的公正原則，其他分配原則都是錯誤的，包括洛爾斯所講的兩個公正原則。要注意的是，諾錫克公正原則所分配的東西只是物質利益，但洛爾斯公正原則所分配的東西包則廣泛得多。諾錫克對分配原則作出兩種分類方式，一種是模式化／非模式化的區分，另一種是歷史性／非歷史性的區分。模式化分配原則是指分配要合乎「自然量度」，例如按需要分配、按努力分配、按貢獻分配或按智能分配。不按「自然量度」的分配就是非模式化，例如諾錫克所主張的公正原則。歷史性分配原則是指根據過往發生的事進行分配，例如按努力分配或按貢獻分配就是。非歷史性分配原則是指不理會過往發生的事進行分配，例如功利原則和平等原則，它們只按特定的結果來分配，所以諾錫克稱之為結果性分配原則。模式化／非模式化跟歷史性／結果性相配，就可以得出以下四種組合。

分配原則的分類

	歷史性	結果性
模式化	歷史性模式化　按貢獻分配	結果性模式化　平等原則
非模式化	歷史性非模式化	結果性非模式化

　　諾錫克認為，只有歷史性和非模式化的組合才是正確的分配原則，亦即是他主張的公正原則。但為什麼結果性或模式化的分配原則是錯誤呢？因為最終會損害我們的自由，要維持特定的結果或模式，就必須對我們的自願性行為作出干預。例如，若徵稅的目的是為了財富再分配，減少社會上的經濟不平等，對諾錫克來說，這就是侵害產權，形同強制勞動，是一種勞役。根據諾錫克的標準，洛爾斯的差異原則正是模式化原則。但傷害自由不一定傷害權利，正如第四章所說，自由和權利是兩個不同的概念，究竟有什麼自由屬於我們的基本權利，洛爾斯和諾錫克有不同的看法，諾錫克認為私有產權是我們的自然權利，而且是絕對的；但在洛爾斯所講的平等自由原則中的財產權是有限制的，不包括繼承權、擁有生產資料和自然資源的權利，也不包括分享對生產資料和自然資源的集體控制權。對洛爾斯來說，這些私有產權並不是我們的基本權利，它們是否確立是在立法階段，要受差異原則所限制。即使私有產權是我們的基本權利，也不表示是絕對的，因為若權利是絕對，就不能解決權利衝突的問題，而刑罰亦會失效，幾乎每一種刑罰都是侵害洛克所講的基本權利，例如死刑違反生命權利、監禁違反自由權利、罰款則違反財產權利。還有，諾錫克將交稅視為勞役亦未免誇張一點。

❸ 產權理論

　　基本上諾錫克是接受洛克的產權理論，在第二章我們已經介紹過洛克的產權理論，簡單來說，就是「勞動引致產權理論」，例如一塊本來不屬於任何人的土地，如果有人在上面開墾耕種，令土地增值，他就有權擁有這塊土地。由於我擁有自己的身體，勞力也是屬於我自己，開墾土地就是加入了勞力，因此我也有權利擁有這塊土地。不過，洛克指出佔有不屬於任何人的東西是有附帶的條件，那就是「留給足夠和一樣好的東西給其他人」。

　　諾錫克對洛克的理論提出了尖銳的批評，不錯，人有權擁有勞力的成果，但為什麼不是這塊土地種植出來的東西，而是這塊土地本身呢？又或者說我們只可以有土地的使用權，而不是土地的擁有權，死後就要將土地交出來，不可以轉讓或留給下一代。雖然諾錫克批評了洛克的產權理論，但最後還是接受了它，只是將洛克所講的佔有條件略作修改。洛克的佔有條件是「留給足夠和一樣好的東西給其他人」，對當時人口相對稀少的地方來說，還沒有什麼問題；但對今天的社會來講，這個條件就很難滿足了，所以諾錫克將它修改為「不會令其他人的處境更差」。比如說資本家佔有了土地，在上面蓋了工廠，僱用工人，創造了就業的機會，雖然其他人不可以使用這塊土地，但在工廠工作會比原來的狀況更好。但所謂更好是什麼意思呢？如果是指經濟利益的話，馬克思一定不同意，因為他認定資本主義是剝削的制度；如果是指工作帶來的滿足感，馬克思更加會反對，因為在工廠工作會導致人性疏離，下一節我們會討論馬克思的看法。

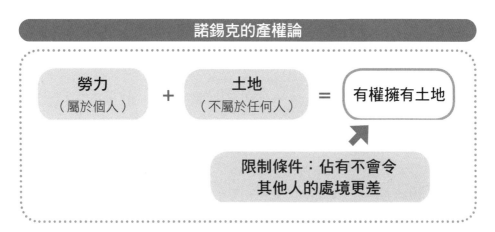

諾錫克的產權論

勞力
（屬於個人）

＋

土地
（不屬於任何人）

＝

有權擁有土地

限制條件：佔有不會令
其他人的處境更差

❹ 烏托邦

　　中世紀結束，近代來臨之際，出現了烏托邦思潮。最有代表性的就是英國的摩爾爵士（Sir Thomas More, 1478-1535），在他所設想的烏托邦之島上，是一個人人平等，沒有私有財產的共有社會，人民在計劃經濟下從事農業和手工業，跟柏拉圖一樣，他主張通過教育來培養統治的人才。另一個著名的烏托邦思想家是意大利的康帕內拉（Tommaso Campanella, 1568-1639），他預言隨着科技的進步，每日的勞動時間只需 4 小時。還有著名英國哲學家培根（Francis Bacon, 1561-1626），他所著的《新亞特蘭斯大陸》，也是烏托邦理論的名著。

　　烏托邦的意思是完美的社會，但何謂完美的社會呢？不同人有不同的看法，除了上述的烏托邦思想外，柏拉圖的理想國、奧古斯丁的上帝之城、馬克思的共產社會，甚至是陶淵明的桃花源，都是他們心目中的烏托邦，但哪個才是真正的烏托邦呢？對諾錫克來說，並沒有唯一的烏托邦，而是有種種不同的烏托邦，我們需要的是一個最低度的政府，負責維持社會秩序，讓人民有充分自由，組成特定的社群，實現自己理想中的烏托邦。

　　過往的烏托邦思想假定了有一個所謂共同的目的，由社會所有成員合力實現。但諾錫克認為，由於人的性情、能力和喜好各有不同，這樣的烏托邦根本不可行，倒不如由大家自由選擇，讓不同的烏托邦並存，這才是真正的「烏托邦」。當然，像伊斯蘭國這樣極端組織就不可能存在於諾錫克的最低度國家，因為它會威脅和傷害其他烏托邦。諾錫克認為，最低度國家提供了一個烏托邦架構，這樣不同的烏托邦就得以實現。

諾錫克的烏托邦架構

最低度國家

烏托邦 A

烏托邦 B

烏托邦 C

烏托邦 D

不過，我很懷疑最低度政府能夠建立一個理想的社會，因為私有產權是絕對的話，任何限制都是不道德。資本主義社會正是建立在私有產權上，我們看到的是極大的貧富差距，如果政府不對產權作出限制的話，這個差距只會愈來愈大，經濟的巨大不平等會影響社會的穩定性，而且擁有經濟權力的人很有可能影響政治決定，謀取更大的利益。

3 馬克思

　　馬克思（Karl Marx, 1818-1883）是猶太裔德國人，生於 19 世紀，跟彌爾是同代人。馬克思深受黑格爾哲學的影響，後來轉向費爾巴哈主張的唯物論。相信沒有一個哲學家比得上馬克思，能夠在這麼短時間內對世界產生巨大的政治影響，正好印證了他自己的話：「哲學家以不同的方式解釋世界，但最重要的還是要改變世界」。馬克思在 1848 年跟恩格斯（Friedrich Engels, 1820-1895）共同發表了《共產黨宣言》，向世人宣告歷史的規律，確立了推翻資本主義社會的行動綱領，激發了以後一連串的社會主義運動，例如「共產國際」的成立。

　　雖如海耶克所講，計劃經濟不但缺乏效率，而且嚴重損害個人的自由，但馬克思對資本主義的批評仍有其個別可以肯定的地方。在馬克思的描述下，資本主義就像一頭怪獸，盲目地累積財富，不斷創造「需求」，以刺激經濟。新自由主義所倡導的自由放任經濟政策，由於市場缺乏監管，導致了金融危機的爆發。而在資本主義制度之下，貧富的差距亦會愈來愈嚴重，大企業 CEO 的月薪跟普遍工人相比，可謂天壤之別，這些 CEO 真的有很重要的才能嗎？我們真的生活在一個公平合理的社會嗎？

　　什麼是馬克思心目中的公正社會呢？當然是共產主義的社會，那裏沒有階級，沒有剝削，各取所需，各盡所能；換言之，那是一個按需要分配的社會。但由資本主義社會發展至共產社會還有一個過渡階段，那是社會主義社會，是按勞動分配。在共產主義的社會，人還是要工作的，但工作是自由選擇，是為了實現自己的潛能，正如馬克思所說：「早上打獵，下午捕魚，傍晚放牛，晚上評論時事」。著名經濟學家凱恩斯也類似的想像，他認為隨着科技的進步，人的工作時間將會減少，到最後幾乎不需要工作，經濟成長滿足了人的需要，帶來了自由及解放，到時候我們有充裕的閒暇過着愉快和智性的生活，他說得比馬克思還要確定，他在 1930 年作出預測，100 年之後（即 2030 年）就可以實現，現在距離 2030 年只有 14 年，看來他的預測要落空了。

馬克思的重要著作

出版	著作
1845 年	《德意志意識形態》，跟恩格斯合著，主張歷史唯物論
1848 年	《共產黨宣言》，跟恩格斯合著，確立了推翻資本主義社會的行動綱領
1867 年	《資本論》第一冊，分析資本主義的生產過程和剝削結構。第二和第三冊是在馬克思死後，由恩格斯整理他的筆記而成
1927 年	《1844 年經濟學哲學手稿》，探討異化的問題

❶ 歷史唯物論

在馬克思之前，已經有社會主義的思想存在，但馬克思認為這些思想都缺乏科學的基礎，所以譏笑為「空想社會主義」，而稱自己的思想為「科學社會主義」。何謂科學呢？簡言之，就是通過經驗研究，找到現象背後的定律。

馬克思認為，歷史的發展存在必然的規律，那是由「物質」（經濟力量）所決定，這裏所講的物質是指經濟，即生產方式，包括生產力和生產關係。根據馬克思的說法，人類歷史有六個主要階段，每一個階段都有特定的生產關係，其中最重要的是對生產資料（生產工具和原料）的擁有及生產成果的分配。一個社會的生產關係是由生產力（生產工具和勞動力）所決定，舉個例，在原始共產社會，生產工具容易製造，不會被壟斷，而且生產力也很低，僅夠個人消耗，根本沒有剩餘養活寄生階層，那就不可能出現奴隸社會。隨着科技（廣義）的進步，生產力不斷提升，但當生產力上升至某個程度，就

跟原來的生產關係出現矛盾，結果導致革命，進入另一個跟生產力相應的發展階段。如是者，歷史就是這樣前進。革命就是被統治階層推翻統治階層，所以馬克思說，歷史也就是階級鬥爭的歷史。

歷史發展的六個階段

馬克思認為，歷史的發展是受物質力量所決定，即生產方式。生產方式包含生產力和生產關係，即他所講的下層建築。上層建築決定於下層建築，而生產關係則決定於生產力。當生產力一直提升，就會跟原有的生產關係出現衝突，導致革命。

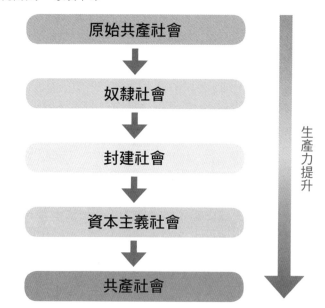

馬克思認為資本主義本身有其內在矛盾，最終會導致自身的崩潰。比如說每 10 年就出現一次經濟蕭條，生產過剩，勞工失業，消費力下降；資本家為了利潤，不斷剝削工人，而資本家之間也不斷競爭，最後資本集中在少數人身上，貧富兩極化，工人形成階級意識，最終會引發革命，無產階級推翻資產階級，進入社會主義社會。馬克思預測在高度發展的資本主義國家如英國會爆發革命，可是，真正爆發革命的卻是還未進入資本主義的落後國家如俄國。這是因為工人的待遇改善了，又有大量中產階級出現，馬克思所預言的階級兩極化並未發生。

馬克思的辯證法

馬克思認為萬物的發展都會經歷正、反、合三個過程，而辯證法則是用來說明萬事萬物變化的三條規律（跟蘇格拉底所講的辯證法不同），就以生產力和生產關係為例，兩者是處於對立統一的關係，原有生產關係是正，但當生產力上升到某個程度就會威脅到原有的生產關係，此所謂反，最後導致革命，進入跟生產力相應另一個生產關係，此所謂合，這就是由量變（生產力）到質變（生產關係），否定的否定就是指原有的生產關係被否定，走向自己反面，出現另一種生產關係。

	量變到質變規律
辯證法	對立統一規律
	否定的否定規律

不過，辯證法中所講的「矛盾」、「正反」、「對立」、「否定」都是一些含混不清的字眼，使用的時候有很大的主觀性和任意性。即使可以盡量釐清其意義，辯證法也不是一種科學的說明方法，而只是一種解釋事物變化的觀點。

馬克思所講的歷史唯物論也是一種歷史主義，歷史向着一個終極目的發展，歷史的終極目的就是自由的充分實現。這種貌似客觀的事實判斷其實涵蘊着價值判斷，因為我們有責任促成這種轉變。但歷史唯物論並不是科學説明，因為它缺乏科學的可否證性，不過是巴柏所講的偽科學。亦正如海耶克所説，用自然科學的方法研究社會和歷史根本是錯誤的。我認為，歷史唯物論只是解釋歷史發展的一種觀點，它可以讓我們理解自己身處的歷史，繼而理解自身。

歷史發展的「必然性」雖然不成立，但我們可以從「應然」的角度去證立馬克思的主張。換言之，我們必須提出理由反對資本主義，那就是馬克思所講的「剝削」和「異化」。

❷ 剝削

馬克思指出，資本主義社會以追求利潤和累積資本為目的，主要就是透過剝削工人來達成。剝削就是指資本家奪去了工人應得的勞動成果（部分），根據亞里士多德對「公正」的定義，這就是不公正。事實上，在馬克思的年代，工人的生活的確很悲慘，工資僅足以維生，不但工時長，而且工作環境惡劣，就連兒童也要工作。

我們先解釋馬克思的勞動價值論。人要生活，就需要勞動，生產生活所需，馬克思認為，產品的價值正來自人的勞動。在工業革命之前，假設一個工匠用 10 小時制造了一張檯，可以買到 10 元，扣除了原料等成本，工匠可賺 6 元，這 6 元的收入就是其勞動價值。但工業革命之後，工廠取代了手工業，工匠只好當工人，假設他每日又是工作了 10 小時，但所得的工資只有 2 元，跟之前相比少了 4 元，那就是馬克思所講的剩餘價值，給資本家剝削了。

但有人會反駁，資本家也有付出，他投資建廠房，又要做管理的工作，況且也有可能虧本，有着潛在的風險。即使我們也將這些計算在內，資本家所賺的不過是少於 4 元（以每個工人計算），但工人所賺的仍然是 2 元。因為資本家也要相互競爭，而原料和租金都是相對固定的，他唯一可以減輕成本的就是剝削工人，這樣才可以產生利潤，沒有利潤或利潤不夠多的時候，就沒有人願意做生意。

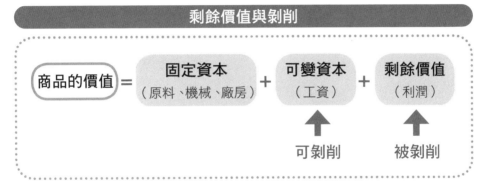

剩餘價值與剝削

商品的價值 ＝ **固定資本**（原料、機械、廠房）＋ **可變資本**（工資）＋ **剩餘價值**（利潤）

可剝削　　　被剝削

　　馬克思指出，產品的價值可分為使用價值和交換價值。例如衣服有使用價值，但對一個裁縫來說，他所造的衣服就是用來交換金錢，然後再用金錢來買他需要的東西，這就是衣服的交換價值，商品的交換要透過貨幣，亦即是說，商品的交換價值是用價格來量化，這是馬克思所講的 W1（商品）— G（貨幣）— W2（商品）模式。在資本主義社會，模式變成了 G1（貨幣）— W（商品）— G2（貨幣），舉個例，住屋有其使用價值，但在香港，很多人買樓並不是用來居住，而是「投資」，當住屋價格上升，就會賣出去賺錢；換言之，G2 減去 G1 就是利潤。在資本主義社會，連勞動力也變成了商品，資本家用工資（G1）購買工人的勞動力（W），再將勞動生產出來的東西用高價（G2）賣出去，G2 減去 G1 就是利潤，是剩餘價值，亦即是剝削。

　　馬克思認為，人和物的基本關係是使用價值，商品的交換價值只是次要；但在資本主義社會，交換價值變成主導，商品的價值決定於它的價格，即是它的交換價值，而不是其使用價值。但贊成市場經濟學的人認為，產品的價格是視乎供求而定，價值是主觀的，不是經濟學研究的課題。從市場經濟學的角度看，根本無所謂最低工資或基本工資，也沒有什麼剝削存在，因為工資亦是由市場的供求來決定。若我們承認最低工資或基本工資，就表示勞動本身有一定的價值，間接支持馬克思的勞動價值說。

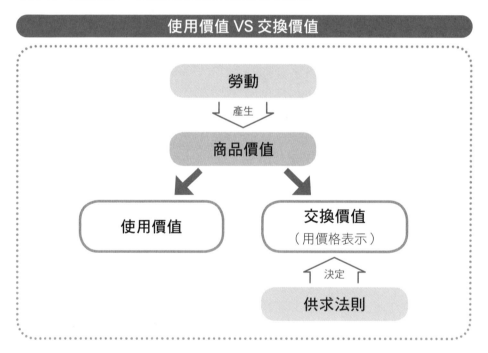

使用價值 VS 交換價值

　　正如馬克思所說，勞動產生價值，所以按勞動分配也很合理，但跟按需要分配似乎有衝突，尤其是社會上有些人是沒有或只有很低的生產力，例如嚴重弱智和殘障者，如果他們也享有勞動成果，是否對其他人「剝削」呢？

❸ 異化

正如前面所講，在資本主義的社會，商品的價值不再決定於它的使用價值，而是交換價值，這種交換關係會對人產生全面的支配作用。馬克思在《資本論》第一卷提出商品拜物教，資本主義社會所生產出來商品對人有一種支配力量，就好像宗教一樣，成為人崇拜的對象。當然，在資本主義社會出現之前，商品也有交換價值，但生產者基本上擁有主導的地位，因為他們擁有生產工具及生產出來的物品，所以即使在交換關係中，仍然保持着人與人的關係，但在資本主義的社會，這種人與人之間的關係已經被物與物的關係取代。

在《1844 年經濟學哲學手稿》中，馬克思分析了工人出現的三種異化或者疏離。跟以往手工業相比，在資本主義制度下的工人不再是產品的擁有者，他跟產品疏離，他工作的時間愈長，生產的東西愈多，剝削也愈大，產品變成了壓迫他的力量。在工廠的分工的制度下，工人只負責一個細小的程序，從工作中不能獲得滿足感，他跟生產過程疏離。工作除了是滿足生存的手段之外，人的創造性在工作上也應得到滿足；但工人的勞動只是為了生存，他跟自己疏離。這三種疏離導致人性的喪失，工作只是為了生存，除此之外就是飲食，好像動物一樣過活。

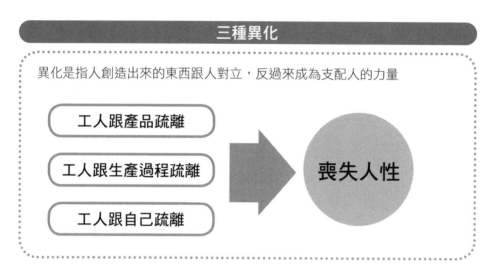

三種異化

異化是指人創造出來的東西跟人對立，反過來成為支配人的力量

工人跟產品疏離

工人跟生產過程疏離

工人跟自己疏離

喪失人性

那麼，沒有異化的人生是怎樣呢？人能夠自由工作，實現自己的潛能，從工作的創造性得到滿足感，相對於異化的人生，這種自主的人生不妨稱為「真實」的人生。很明顯，這是一種完善論，它主張某種美好人生的觀念。要推翻資本主義社會，就是因為它妨礙人潛能的實現。

❹ 馬克思的啟示

馬克思最為人詬病的地方就是他主張暴力革命，及所謂無產階級專政所造成的惡果。首先，用暴力進行革命不一定是錯的，要視乎革命的理由是否正當，例如美國獨立革命、法國大革命和辛亥革命都有充分的理由。至於將極權之罪推向馬克思也不甚公允，因為具體的政治手段是由列寧來確立，例如無產階級專政變成共產黨專政。馬克思認為國家的本質是鎮壓性，他所講的無產階級專政只是過渡期，最後國家會揚棄，由社會主義社會變成共產主義社會。

另一個對馬克思的常見批評是他的預測落空，即是被否證了。的確，隨着資本主義的自我修正，工人的待遇改善了，在西方先進的社會，不但有最低工資和最高工時，又有社會福利，工會也有很強的議價能力，而且大量中產階層出現，馬克思所講的貧富兩極化並未發生。但我們也可以從這個角度看，就是因為有了馬克思的警告，資本主義才有機會作自我改善，避免了崩潰的命運。

馬克思對資本、剝削和異化對今天的我們來講，仍然有相干性。「資本」本來是人創造出來，使我們可以充分利用資源，改善生活的環境，但現在資本反過來對人造成支配（這是資本的異化），資本一味追求利潤，哪裏有利潤，它就往哪裏去，如果將來太空有利潤，資本也一定往那裏去。過往資本主義藉着國家的力量，到國外開拓市場，找尋原料和廉價的勞動力，並四處殖民；今日殖民主義雖已消失，但資本主義全球化並沒有停止，很多人認為，富裕和貧窮國家也形成一種剝削的關係。

現在資本已經跨越國界，我們不是有很多跨國公司嗎？其經濟力量足以影響某國的政治決定，但它們又不受特定國家的管制，因為跨國嘛！資本主義全球化再次令人想起馬克思的思想，資本主義全球化意味着可以發展的都差不多充分發展，生產力亦可能上升到史無前例的高度，那是否會出現某種經濟上的「革命」呢？

撇開馬克思所謂歷史發展規律不談，他所講的歷史終極目的——自由的實現，仍然可以是一種理想的追求，這種自由就是從異化中解放出來，在工作中發揮人的創造性。我們也不妨問問自己，究竟生活上有多少自主性呢？有什麼原因阻礙實現自己的潛能呢？這種看似遙不可及的理想，隨着科技的不斷進步，生產力的提升，也許有一天真的能夠實現。

4 結語

洛爾斯和諾錫克都是 20 世紀養尊處優的大學教授，而馬克思則是 19 世紀動盪不安時代的自由作家；前兩者是當代自由主義的代表人物，後者則是馬克思主義的奠基者。洛爾斯和諾錫克都宣稱在不同方面繼承康德的思想，也不妨給馬克思主張下一個康德式的註解。

康德式的註解

義務論

人是目的本身

將人當成只是工具

洛爾斯

諾錫克

馬克斯

正當先於價值

自然權利不可侵犯性

資本家對工人的剝削

　　事實上，現代民主自由的社會是重視自由多過平等，而根據馬克思思想建構出來的共產社會則是重視平等多過自由。但某個意義下講，馬克思也很重視自由，馬克思認為人的本質是自由的，真正符合人性的活動就在於其創造性。只不過要達到這樣的社會，首先要推翻資本主義制度，建立共產社會，有了平等，才可以有真正的自由。馬克思的公正社會是一個沒有剝削和異化的社會，人的創造力得到充分的發揮，它跟某種美好生活概念連結在一起。

　　洛爾斯和諾錫克跟馬克思不同，公正是獨立於任何美好生活的概念。不過若考慮對平等的重視，洛爾斯的公正就界乎諾錫克和馬克思之間。雖然諾錫克和馬克思的主張各走一端，但他們也有共同之處，就是從生產的角度去看分配的問題，也同意勞動與價值的關連，一個主張勞動引致產權理論，另一個主張勞動價值論；兩者的分歧在於諾錫克將擁有生產資料（如土地）看成是人的自然權利，而馬克思則主張廢除這種私有產權。

　　三者之中，我最贊成的是洛爾斯的主張，不過，後來洛爾斯改變了立場，只承認那兩個公正原則只適用於民主自由的社會。我認為諾錫克的公正社會根本不可行，政府只擔當守夜人的角色，最終會令經濟權力坐大，貧富差距之大足以動搖社會的穩定性，況且這個世界還有其他國家，政府的權力只限於守夜人，只能夠維持社會內部的秩序，無力對抗外來強權的入侵。當然，馬克思主張生產資源收歸國有也是不可取，因為計劃經濟賦予國家太大的權力，勢必損害人民的自由。不過，馬克思對資本主義的批判：剝削和異化，卻是值得我們努力消除，我認為這必須有待生產力的高度提升，科技進步是我們的希望，當自動化的機械可以負起所有勞動性的工作，剩下來的工作就比較有創造性和滿足感，到時我們就真的可以像烏托邦思想家康帕內拉所預言，每週工作四天，每天只工作四小時。如果人類不會因核戰而毀滅現有的

文明，我預測 2200 年就會出現這樣的烏托邦。公正問題之所以出現，就是由於資源有限，而科技的力量正可幫助我們更有效地運用資源及發掘新的資源，解決資源有限的問題。

　　或許 2200 年是太長遠了，我們還是回到現在，科技進步固然重要，社會進步也一樣重要。我認為只有洛爾斯的公正社會最可取，因為它可兼顧自由和平等，也可令我們的社會持續改善，帶來社會的進步，正如已故美國總統羅斯福所說：「衡量是否進步的標準，不是我們可以為富裕的人增加多少，而是為貧困之人提供所需」。

第六章

平等

應追求什麼樣的平等？

有平等就不會有戰爭

——梭羅

　　正如前面所講，「自由」和「平等」這兩個概念本質上是有衝突的，多一些自由就會少一些平等，反之亦然。相比之下，「公正」和「平等」這兩個概念就親近得多，因為兩者在意義上有很多重疊的地方，例如說「奴隸制度不平等」，跟「奴隸制度不公正」所表達的意思是差不多。不過，兩者仍有不同之處，「公正」與「應得」有關，即跟一個人過往所做的事相干，例如有人犯了罪，被懲罰，這就是他應得的，亦即是公正。

　　相對來說，公正是一個比較清晰的概念，但平等就複雜得多。公正是一個評價的概念；平等也是，平等就是公平，不平等就是不公平。但平等還有另一種用法，就是作事實的陳述，具描述性意義；平等就是一樣，不平等就是不一樣。混淆平等這兩種用法亦即是混淆了事實和價值。人天生就有種種的不同，例如天賦才能、樣貌、性別和種族等，這些天生的不平等通常只是描述性的，當作評價性就會導致思考混亂（也許有人認為這是上天的不公平）。評價意義下的平等或不平等通常是在規範上說，例如性別歧視就是違反「應平等待人」這規範，所以是不對的。

兩類不平等

不平等大致可以分為兩類，一類是自然的不平等，另一類是人為的不平等。一般認為自然的不平等並沒有不公平的問題，只有人為的不平等才會產生不公平的問題，並且可通過制度得以改善。

自然不平等		人為不平等
天賦才能		收入
體能		財產
樣貌	影響	權利
性別		機會
種族		地位

在現代民主自由的社會，所有人，不分階級、性別或種族，都享有相同的自由權利，在這一方面，大家是平等的。可是，即使是這樣的社會，仍然存在很多不平等（不公平）的現象，以下我們會分別討論階級、種族及性別的不平等，及消除這些不平等的主張。

1 階級不平等

　　法國大革命之所以出現，其中一個原因就是階級極之不平等，貴族和僧侶等統治階層擁有大部分土地，但稅收主要是由低下階層的農民來負擔。後來西方工業化帶來了經濟增長，但也擴大了貧富的差距，引起了反資本主義的思潮，如無政府主義和社會主義。

　　當然，對資本主義批判得最深刻的就是馬克思，上一章已討論過他的思想，現在只作簡要的陳述。馬克思認為，在人類歷史發展的不同階段，統治階層都是壓迫着被統治階層，而歷史也就是階級鬥爭的歷史。在資本主義的社會，主要有兩個階級，資產階級和無產階級。由於資本家壟斷了生產資料，工人處於弱勢，被嚴重剝削，生活悲慘，工人的自由不過是在剝削和餓死之間作出選擇，所以最後工人會團結起來，形成「階級意識」，推翻資本主義制度。不過，馬克思的預言並沒有成真，因為階級沒有兩極化，反而有大量中間階層的出現，工人的待遇亦得以改善。

　　即使不是馬克思主義者，也會認為貧富差距太大是不公平的，亦會影響社會的穩定性。馬克思的階級批判思想也影響了當時的一些藝術家，例如法國寫實主義畫家杜米埃，他的一張名作叫做《三等車廂》，就是描寫在火車廂內的分級，低下階層只可以乘坐第三等車廂，而火車正是工業革命帶來的運輸工具。《三等車廂》作於 1862 年，8 年之後就發生了巴黎公社事件，農民和工人起來抗爭，遭政府武力鎮壓，這可以說是反資本主義的第一次階級革命。第二章提到，盧梭認為要得到真正的公共意志，就要消除階級不平等，因為階級利益之間的衝突會妨礙公意的產生。但取消階級不平等是什麼意思呢？馬克思是用取消階級的方法來取消階級不平等；而在民主社會，則多用財富再分配的方法，例如累進稅和社會福利，防止貧富過度懸殊。

❶ 階層化

　　人類要活得更好，就必須互相合作，組成社會。社會需要分工，而根據不同的工作性質，所得的報酬，地位和權力也不同。而擁有差不多財富、權力和地位的人就會形成某個階層，也會聯合在一起，因為大家有着共同的利益。低下階層擁有的財富、權力和地位當然不及高上階層，這種不平等是否不公平呢？

　　從社會功能的角度看，有些職位比較重要，例如醫生和律師，要成功當醫生或律師，除了天資之外，也需要長時間的訓練，如果沒有高報酬的話，就不可能吸引適合的人做醫生或律師。報酬的不平等不但有激勵的作用，亦有助於選拔合適的人來擔任相關的工作，如果勤力工作與不勤力工作所得的報酬一樣，我們反而會認為這才是不平等。也就是說，有能力和有貢獻的人，應該得到多一些社會和經濟利益。相信在可見的將來，這種「不平等」是難以消除。

　　我們可以將以上解釋階級不平等的思想稱為「功能論」，而根據馬克思剝削觀點建立起來的理論叫做「剝削論」。很明顯，兩者是對立的，但並不表示兩者中某一個是錯，另一個就一定是對，因為它們只是對立，並非矛盾。事實上，階級不平等既有其社會功能，也有剝削和壓制的一面，所以兩者都只能解釋部分現象，與其說兩者對立，倒不如說它們是互相補足。

　　雖然說財富、權力和地位的不平等分配是有其理由，但問題是，上層階級會運用權力及財富的影響力，維持甚至增加自身的利益，例如以前南非的種族隔離政策，就是當權的少數白種人歧視大部分黑種人。這樣貧富的差距只會不斷增加，而上層階級亦會利用他們的優勢，使這種「不平等」延續到下一代，阻礙了社會階層的流動，令不平等的問題不斷加深，造成惡性循環。

剝削 VS 功能

對於階層不平等的現象，基本上有兩種解釋，一種是從馬克思的角度出發，認為這是一種剝削；另一種是從功能的角度出發，認為這種不平等有利於社會的繁榮和進步。

	階層不平等
功能論	合理，因為有助於找到工作的合適人選
剝削論	不合理，因為上層階級壓制下層階級

❷ 階層流動

在傳統社會中，一個人的身份、地位和階級基本上是出生時被決定的。換句話講，階層主要是世襲，最明顯的例子就是古印度的隔殊社會，隔殊社會有五個主要階層，依次為婆羅門（僧侶）、剎帝利（皇族）、吠陀（平民）、首陀羅（奴隸），及賤民，父母屬於哪個階層，子女也是那個階層，不可以改變，階層完全是封閉的。西方的封建社會也差不多，父親是貴族，兒子也是貴族；父親是農民，兒子也是農民。雖然中國自隋唐起有科舉制，平民通過考試也可以出仕，甚至上升至統治階層，成為宰相，一人之下，萬人之上；但其實階層流動並不顯著，大部分上層職位都被官宦之家的子弟壟斷。反觀現代民主自由的社會，由於大家都擁有平等的政治權利和機會，即使出身低微，也可以憑着天賦才能和努力，晉身上層階級。

傳統社會是看出身，現代社會則重表現。當然，跟傳統社會相比，現代社會的階層流動是改善了，但並不表示階層延續的問題不存在。傳統社會的

階層延續主要是靠世襲，而現代社會的階層延續主要是通過財產的轉移和教育來達成。先説財產轉移的問題，雖然有些社會有很高的遺產税，例如日本，但我們卻不可以阻止有錢人生前就將財產轉移給子女。至於教育，在現代社會就顯得十分重要，一個人屬於哪個社會階層主要是取決於職業，而就業又往往跟個人所接受的教育有關，所以現代人的競爭由幼稚園已經開始，所謂「贏在起跑線上」，只要讀到名牌幼稚園，就可以讀到名牌小學；讀到名牌小學，就可以讀到名牌中學；讀到名牌中學，就可以讀到名牌大學；讀到名牌大學，就可以找到高薪厚職，這不是笑話，而是香港的實況。但這些名牌幼稚園、小學和中學的學費昂貴，只有中上階層的人才可以負擔；換言之，中上階層的子女通過教育，在將來的競爭上會比低下階層的子女處於有利的位置。

❸ 機會平等

古典自由主義者將「機會平等」解釋為「機會對所有有能力的人平等開放」，在這裏，機會主要是指工作及教育的機會。有人批評這只是形式上機會平等，我們只有法律上的權利去爭取這些職位和學位，雖然已經比傳統的世襲社會好得多，但階層延續的問題仍然存在，大部分中上階層的子女都留在中上階層，只有少部分低下階層的子女可以晉升中、上層的位置。

假使大家的天賦才能是差不多，社會背景較佳的人有更好的條件去培養和發展這些潛能。「能力」是需要培養，而那些出身於中、上層階級的人就擁有較多的資源，在起步點上比低下階層有利得多。試想像一個出生於貧窮鄉村的小孩，跟一個出生於高幹家庭小孩，縱使兩者的天賦都差不多，但這些社會因素可令他們發展出來的潛能有天深淵之別。

上一章我們討論過洛爾斯的公正理論，他認為應該盡量減低自然和社會因素對分配的影響，他將「機會平等」解釋為「對所有人平等開放」。我認為「機會平等」還有另外一個解釋，為清晰起見，我將洛爾斯的「機會平等」稱為「配備上的機會平等」，而另一個就叫做「前途上的機會平等」。所謂「配備上的機會平等」的意思是每一個人都擁有達到一既定目標的相同手段或資源。那些由於出生社會背景差或自然天賦弱的人就比一般人缺少手段或資源，而根據配備上的機會平等這個原則，我們就應對這些處境差的人作出補償。例如對於一些從大陸來港的新移民小孩，由於他們的社經地位比一般香港人差很多，所以我們在教育資源的分配上就要多給予他們一些，令得他們在起步點上跟一般的小孩盡量平等，這樣做就可減低社會因素對將來經濟及社會利益分配的影響。

説到起步點平等，就不得不提柏拉圖的理想國，雖然理想國階級分明，看似不平等，但並沒有階級延續的問題，因為階級不是世襲，所有人都是由國家撫養，即使父母是生產階層，子女也可以通過教育（子女不知道誰是親生父母），成為統治者，這是真正的起步點平等，因為完全消除了社會因素的影響。但這種平等的起步點要犧牲家庭來達成，且不論家庭是人類幸福的泉源，一般來説，家庭能提供小孩最理想的成長環境，所以站在小孩的利益角度，柏拉圖的主張還是不可取。

至於「前途上的機會平等」，意思是每一個人都有達到一既定目標的相等機會率。例如大學給予低下階層子女一定數量的入學配額，為方便討論起見，我們假設社會每 10 個中學生中就有 9 個是來自低下階層，所以理想的做法就是每 10 個大學生中，應有 9 個來自低下階層。又例如在求職的機會上，相同教育成就的人，不論他們的社會背景或自然缺憾，都有得到這個職

位的相同機會率，比方説社會上某個教育程度的建全人仕跟傷殘人仕的比例
是 9:1，根據這個比率，如果他們一起應徵某個職位的話，每 10 個得到既定
職位的人仕當中，就應有 1 個傷殘人仕。

機會平等		
機會平等	形式上平等	每一個人都擁有相同的權利和機會
	配備上平等	每一個人都擁有達到既定目標的相同手段或資源
	前途上平等	每一個人都有達到既定目標的相等機會率

❹ 私心與權力

　　有些國家名義上是消滅了階級，但由於一黨專政，執政黨反而成為了新
的特權階級。雖然在這些國家，不同工作崗位的收入不會有很大的差距，但
特權階級由於擁有權力，就可以得到很多在資本主義社會用金錢才能買到的
東西。這樣看來，似乎權力就是不平等的根源。但擁有權力的人也可以謀取
大眾的福祉，用權力來謀取私利就是因為人的私心作怪，看來私心才是不平
等的根源。但私心也是人類發展和進步的動力，私有制也就是私心的外在表
現，經驗證明，私有制的社會比公有制的社會更繁榮和進步。馬克思以為消
滅了私有制就可清除人的私心，看來是犯了倒果為因的謬誤。

倒果為因

倒果為因是因果謬誤的一種，是我們將原因和結果的關係掉轉了，例如：

高分的學生都是勤力的　　　　　｝前提

因此，要令學生勤力，就得先給他高分　｝結論

　　私心是難以消除的，要消除或減少不平等，最好還是從制度上入手，對權力作出限制。在民主制度中，人權的確立和三權分立都是對政治權力的合理限制。我認為也應該對經濟權力作出限制，防止財富過渡集中。當然，如何限制也有很大的爭論，在柏拉圖的法治國中，凡財產高於最低階層四倍就要沒收，這是一種極端的做法，也不適合現代民主自由的社會。不過，從馬克思的角度看，現代民主制度也不過是階級專政，是由資產階級專政，表面上看似公平的選舉，但由於競選需要大量的金錢，所以還是要得到資本家支持的人才能成功當選。然而，馬克思看輕了民主社會中言論自由和理性批判的影響力，這是公共空間制衡政府的重要力量。

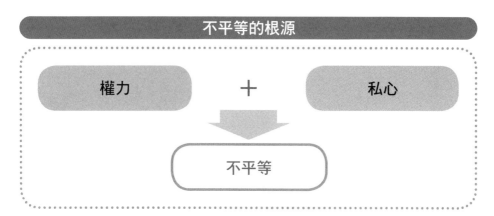

不平等的根源

權力　　＋　　私心

不平等

2 種族不平等

　　種族不平等也多是源於當權的種族壓迫弱勢的種族，就以老牌民主大國美國為例，雖然標榜人權和平等，但歧視黑人的情況還是存在，那就是擁有政治和經濟權力的白人歧視弱勢的黑人。當然，這有其歷史原因，因為美國黑人的祖先都是奴隸，雖然後來林肯廢除奴隸制，但歷史因素令這個種族群一直處於不利的位置，南方有些地方的黑人要到上世紀 60 年代才有投票的權利。大部分黑人幹的都是低下層的工作，成就動機也比白人和其他膚色人種低。

　　不過，種族不平等不一定是當權的種族有意壓迫其他種族，而是這些弱勢種族的聲音沒有被聽到，議會又缺乏他們的代表。例如香港，主要是華人，而少數族裔的需要也往往被忽略。

❶ 種族主義

　　種族主義固然是種族歧視，也是人類的普遍現象，不少民族都以為自己的種族是最優秀，其他民族都是次等，甚至是劣等，種族主義其實就是以自己種族為中心，古代中國人就認為四周的民族都是蠻夷。雖然希特勒領導的納粹黨鼓吹種族主義，但其實當時的德國社會普遍也是歧視猶太人的。種族主義不一定是佔大多數人的種族歧視少數人的種族，重要的是誰掌握權力，當年南非的種族隔離政策，就是少數白人歧視多數的黑人，例如在公車上，黑人就要讓座位給白人。

　　種族主義有兩個問題，一個是錯誤的事實判斷，認為自己的種族先天上優勝過其他種族，例如白人的智力高於黑人。即使某個種族在很多方面的表現都比別的種族優勝，但其實很大程度是社會化和教育的結果，因為他們比其他種族擁有更多的資源去發展潛能。當然，不同種族在先天上的潛能也可

能有分別，例如黑人的爆炸力很強，所以世界級短跑賽冠軍幾乎被黑人壟斷，但若是長跑賽，黑人就沒有優勢了。如果我們有科學證據證明白人先天上某方面比黑人優勝的話，這不過是事實的判斷，並沒有歧視的問題。若將此看成是歧視的話，就是混淆了事實和價值，乃思考混亂的產物。

另一個問題是錯誤的價值判斷，即使事實上某些種族在智能上較差，但也不應不平等對待他們，例如剝奪他們的權利，甚至消滅他們，所有種族清洗都是沒法原諒的錯誤。二次大戰期間，德國納粹黨屠殺了六百萬猶太人，雖然戰後種族清洗被定為國際罪行，但種族屠殺事件亦時有所聞，例如南斯拉夫在米諾索維奇的獨裁統治下，就派軍隊屠殺科索沃的阿爾巴尼亞族人。

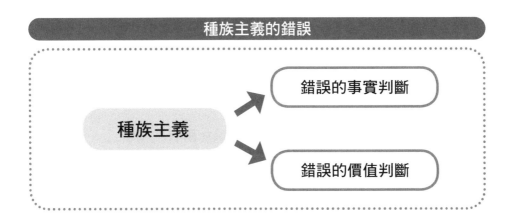

種族主義的錯誤

種族主義 → 錯誤的事實判斷

種族主義 → 錯誤的價值判斷

❷ 平等原則

　　「所有人，不分種族、膚色、性別、階級和宗教信仰，都是平等的」，在這裏，「平等」並不是描述的用法，而是具有規範意義，即如何待人，我們可以將平等原則陳構如下：「一般來説，平等就是待人要相同，不傷害他們的社會利益；但有時待人要不同才是平等，因為兩者之間有差異，而這個差異足以證立不同的對待」，根據平等原則，有時待人要不同才是正確，因為要考慮人的差異性。例如犯罪要受到懲罰，所有人都應該一樣；但對於未成年的人，由於心智未成熟，所受的懲罰會較輕，或警戒了事，給予改過的機會。

平等原則

平等原則
- 對待人要一樣
- 不同的對待：基於兩者的差異

跟不同對待有相干性　　先天

例子：根據平等原則，我們應給予女性多些公共廁所，因為基於生理及心理的因素，相比起男性，女性需要更多如廁的時間。

很多人以為不同的對待不可以基於性別或種族的差異，例如入學和入職，能力和學業成績才是相關的因素，性別和種族都是不相干的。但其實也不一定，有時性別或種族的差異可以用來支持不同的對待，例如將運動比賽分開男子組和女子組這種不同的對待卻並非不平等，因為男女在體能上有明顯的差異，將男女混合一起比賽才是對女性不平等。然而，實際應用上會產生不少爭論，例如之前提到由於先天的因素，令黑人在短跑賽事中有利；那麼，根據平等原則，是否也應該將比賽分為黑人組和非黑人組呢？

❸ 積極歧視

在美國，由於過往對弱勢社群如黑人和女性的不平等對待，使他們一般處於較低的社經位置，比如說能夠當上醫生和律師這些上層職位的黑人就只佔少數，大部分黑人都是擔當低層的職位如清潔工人或其他勞動性工作。所以有人認為，單單停止歧視是不夠的，要補救過往的錯誤，彌補這些傷害，應該給予這些弱勢社群優待性的補償，以提升他們的社經地位，這稱為積極歧視，其於這個理念所施行的叫做反歧視政策。例如大學預留一定比例的學位給這些弱勢社群，或者政府招聘時要取錄一定比例的弱勢社群。但這些優待性補償往往會招來不公平的指責，積極歧視本身就是一種歧視，過往是歧視黑人和女性，現在則是歧視白人和男性。

有三個理由可以用來支持反歧視政策，第一個是上一節所講的機會平等中的前途上的機會平等，每一個人都有達到既定目標的相等機會率；例如美國有些大學的入學制度規定給予黑人一定數量的入學配額，比方說美國中學生的白人跟黑人的比例是 2:1，理想的做法是他們入大學的機會率也是 2:1。第二個是平等原則，積極歧視就是對白人和黑人有不同的對待，這是優待黑

人，因為兩者有一個差異「過往黑人長期受到不平等的對待」，這個差異就是用來支持現在對黑人的優待。但有人會提出反對，認為現在得益的黑人不是當年的受害者，而現在被懲罰的白人也不是當年的得益者。然而，作為一個族群來看，白人的確是當年奴隸制度的得益者，而黑人的處境之所以差也是因為他們的祖先是奴隸。第三個理由是社會效益，如果能夠多一些黑人律師和醫生，對於整個族群都有好處，一來可以起示範作用，增強這個族群對前途的信心，二來黑人會傾向找黑人的律師和醫生幫忙，因為同種族的人會比較了解他們的處境和問題。

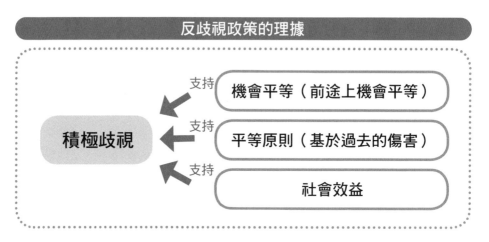

反歧視政策的理據

機會平等（前途上機會平等） ← 支持

積極歧視 ← 支持 平等原則（基於過去的傷害）

社會效益 ← 支持

不過，有人認為前途上機會平等是過分的要求，人應該憑自己的努力去爭取社會利益，我們頂多在起步點上幫他一把，配備上機會平等才是合理的做法。積極歧視是用歧視的方法去消除一種根深柢固的歧視，有人認為這是矯枉過正，也有人認為這是自打嘴巴。我認為積極歧視的對錯不能一概而論，應該就個別情況作出判定。不過，反歧視政策只適宜作為過渡性政策，當種族不平等的情況得以改善，就應該取消。

❹ 文化多元

　　民主自由的社會是一個多元的社會，一方面我們有言論表達的自由，另一方面要容忍不同文化的價值觀，但兩者時常出現衝突。比如說，種族仇恨或種族詆毀的言論，是否也要容忍呢？當這種族跟某個宗教有特定的關係時，情況就會更加複雜，例如中東人和伊斯蘭教的關係。記得多年前的《撒旦的詩篇》一書，由於有詆毀穆罕默德的成分，引起了全球伊斯蘭教徒的不滿，伊朗宗教及政治領袖霍梅尼甚至下達追殺令，雖然作者到目前為仍然健在，但已經有不少編輯和出版人遭殺害。最近在法國也有查理事件，「查理」是法國一本周刊，因為刊登了嘲笑穆罕默德的漫畫（他們也有刊登嘲笑耶穌的漫畫），結果引發了極端伊斯蘭教徒採取報復行動，血洗雜誌社。在第四章我們討論過對自由的限制，其中一個就是冒犯原則，而種族／宗教仇恨或種族／宗教詆毀的言論很明顯是一種冒犯，也有可能造成間接的傷害。但我們也要注意詆毀和批評的分別，因為很多人將任何批評其種族或宗教的言論都當成是詆毀。有關仇恨言論，英美有不同的處理，在英國，發表仇恨言論是違法的；但在美國，若法律禁止仇恨言論，那就是違憲的。

　　亦有人認為，要尊重不同種族的文化價值觀，就不要作出任何批評，否則就是歧視。我認為這是濫用「歧視」，例如有些信奉伊斯蘭教的民族要婦女戴上面紗，我們會批評這種做法是剝奪女性的權利，但他們認為這措施是用來保護女性，反而指摘我們不尊重他們的文化，歧視他們的民族和宗教。其實無論中外，傳統的規範大都是維護男性（當權者）的利益，壓迫女性，例如傳統中國文化的「三寸金蓮」，一方面是將男性的審美標準強加於女性身上，另一方面亦有限制女性行動，防止她們逃走的實用性考慮。

信奉伊斯蘭教的民族會感到這些批評是一種冒犯，在第四章我們講過，冒犯有很大程度的主觀性，並不是所有冒犯都應受到限制，例如以上批評女性要戴面紗就屬於「建設性」的冒犯，不應受到限制，因為它有助婦女的解放。當然，傳媒很多時都只是製造「純粹」的冒犯，例如總是將黑人描繪成罪犯，將中東的伊斯蘭教徒刻劃成恐怖分子，將中國人塑造成陰險而愚蠢（陰險和愚蠢並非矛盾或對立，可以並存）的傢伙。

種族歧視的成因

種族歧視多出於誤解，即對有關種族作出錯誤的判斷，誤解是由於缺乏溝通，而阻礙溝通的往往就是語言和宗教的不同。

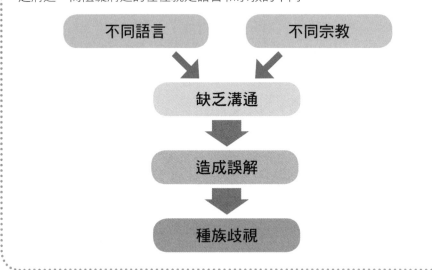

3 性別不平等

　　無論中外，歷史上都充滿着男女不平等，男性壓制女性，例如以前只有男性有財產繼承權，而女性卻沒有，這種不同的對待就是不平等，即違反上一節所講的平等原則。

　　聖經説女性是用男性的肋骨所造成，那當然是神話，但其象徵意義正是女性不能獨立自主，必須依靠男性。即使是哲學家，也一樣充滿偏見，比如説男性理性自主，女性情緒化，缺乏主見，亞里士多德就將女性看成是未成長的人，跟兒童相若。連孔子也説「女子與小人難養也」，將女性跟小人等量齊觀。反而柏拉圖沒有歧視女性，他認為女性經過合適的教育和訓練，也能擔任統治者。其實柏拉圖正道出了箇中的關鍵，過往女性的能力比男性低雖然是事實，但這不過是社會化的結果；女性並不是先天就比男性差，只不過在男性主導的社會，女性缺乏學習和工作的機會罷。

馬拉拉與性別歧視

　　馬拉拉因爭取女性的教育權利，獲得了諾貝爾和平獎，伊斯蘭恐怖組織博科聖地立刻作出回應，綁架了二百多名女學生，他們要向世人宣示，伊斯蘭教的婦女不應讀書。

　　直到 19 世紀，彌爾才對男女不平等作出全面的批評，積極為女性爭取權益。他更指出，一些歌頌女性的品德如「母愛」，其實是限制了女性的發展，因為她們幾乎將所有時間都花在照顧子女和家事上。根據功利主義，讓女性學習和工作，會帶來多數人更大的快樂。慢慢在西方社會，女性不但擁有受教育和工作的機會，更爭取到其他跟男性同等的政治權利，例如選舉和投票權，但其實在上世紀 70 年代的英國還是有兩種工資，高的是男性，低的是女性，同工不同酬。

　　到了今天西方自由民主的社會，男女在權利和機會上可以説是平等，多國更出現女性的首相或總統。可是，有人（特別是女性主義者）認為男女仍舊是不平等，女性依然受到歧視，男性壓制女性的文化還是存在，例如家務必須由女性來負責，女性要同時兼顧工作和家庭，這樣她們的工作成績往往比男性低。在日本，女僱員還有義務早一點回工作單位做清潔的工作。至於大眾文化和次文化中，也潛伏着很多歧視女性的意識形態。

歧視女性 VS 支持女權的哲學家

	歧視女性		為女性平反	
古代	**亞里士多德**	女性情緒化，缺乏主見，是未成長的兒童	**柏拉圖**	理性是人的能力，女性經過適當的教育和訓練，也能發展出智慧，擔任統治者的工作
18 世紀	**盧梭**	男女應接受不同教育，男孩以發展理性為目標，培養勇氣和剛毅等品德。女孩以學習處理家事為目標，培養溫柔和耐心等品德	**沃斯頓考夫特**	反對盧梭說的主張，認為女性也能發展出理性和獨立自主的能力，所以也應享有跟男性一樣的政治權利
19 世紀			**彌爾**	讓女性接受教育和出外工作，會為社會帶來更大的效益

❶ 性別角色

　　大部分社會都認為男性和女性有着不同的角色，例如男性出外工作，女性在家照顧子女，在家庭裏，父親也是主要的話事人。即使現在女性也出來工作，但男性工作和女性工作也有明顯的差別。很多人認為，這只不過是社會分工，而分工是建基於男女自然的差別，例如男人理性、果斷、勇敢、擅長分析和批判；女人則是感性、柔弱、直覺、善於關懷和照顧他人。所以男性應該擔任決策的工作，例如工程師、建築師、律師等；而女性則適合負責一些接待和照顧的工作，如侍應、護士和幼稚園教師等。不過，有人質疑這些所謂男性和女性的特質其實是後天形成，是教育和社會化的後果。性別角色限制着女性發展自己的潛能，導致不平等，大部分上層的職位都被男性所壟斷，例如大法官、大企業的 CEO、大學教授等等。女性主義者西蒙・波娃（Simone de Beauvoir, 1908-1986）甚至認為，女人不是天生，而是後天變成的，她在 1949 年出版的《第二性》指出，所謂女人的「天性」，全都是後天教育的結果。

　　女性主義者認為「性別」是一種社會建構。例如女性愛美、比較細心、注重整潔、好靜，適合做照顧人的工作；男性則不甚注重儀容、較為粗心、好動、崇尚競爭，適合做出外打拚的工作。女性主義者芭勒甚至認為，性別認同是一連串的社會規訓加諸於我們的身體，令身體馴化，最明顯的例子就是男性穿褲子，女性穿裙子。但身體馴化並不完全是被動的，當事人會主動操練，以符合社會的期望，芭勒稱之為「性別操演」。

　　不過，男性和女性在自然性質的確存在差異，例如體能，而且只有女性能夠懷孕，這些生理上的差異難道跟心理上的差異完全沒有關係嗎？亦有證據證明先天上男性辨認空間的能力比女性高，而女性的語言能力則比男性高。

至說女性（一般來說）善於關懷和照顧他人，這當然是事實，但先天和後天所佔的比例如何則是有待研究（後面會再討論這個問題）。但無論如何，這些差異很多都是一般而言，例如某些男性關懷和照顧的能力都很強，如果單單因為是男性就拒絕他當護士或幼稚園教師的工作，也是不公平。由此可見，性別角色對男性來講，一樣是不公平。當然，受害者主要是女性。

平等原則應用的爭議

香港的中學派位是優待男生的，政府會在所謂 Brand one 學校預留一些學位給男生，為什麼政府要這樣做呢？因為小六女生的腦部發展比男生成熟，所以一般來說，女生的成績都比男生好，若只根據成績派位的話，女生入讀 Brand one 學校的機會就一定比男生大，政府這樣做是為了保持男女生的平衡，或是保障男性的利益，因為 Brand one 的學生入讀大學的機會比較大。可是，女生卻會質疑這是不公，因為成績比她差的男生反而能入讀 Brand one 學校。雖然政府能證明兩者在腦部發展有明顯的差異，但這個差異能否合理化優待男生呢？

平等原則第二部分：不同的對待，基於兩者有相干性的差異

Brand one 中學預留一些學位給男生

小六女生的腦部發展比男生成熟

上一節我們提到的平等原則，在應用上常會出現爭議，關鍵在於這個「差異」是否足以支持不同的對待。差異必須是先天的，不是社會化的後果，而且差異也必須跟不同的對待有相干性。假如我們發現男性先天上的空間辨認能力高於女性的話，那麼比例上多些男性當飛機師的工作也是合理的。但這些差異大多是是作為整體的男女性差異，不一定是個體的差異，比如之前提到照顧小孩的能力，一般都是女性優於男性，但並不表示每一個女性都優於任何一個男性。

❷ 父權制度

有些女性主義者認為，問題不在於男性和女性是否天生就有不同的性質，而是女性受到男性的支配，創造性別角色背後的就是父權制度。第一節討論階級不平等時，提到不平等的根源有兩個，一個是權力，另一個是私心，而父權制度正是男性運用權力來壓迫女性，維護男性的既得利益。

恩格斯在《家庭、私有制和國家的起源》一書中解釋父權制度如何產生，及女性如何受到男性的壓迫。他認為人類早期是母系社會，由女性掌權，因為大部分生產工具都是由女性製造和擁有，後來生產方式改變了，畜牧業帶來了經濟增長，而負責畜牧的是男性，慢慢男性就取得了權力，由母系社會轉變為父權社會。父權社會有兩個特點，一個是一夫一妻制的確立，目的是確保子女是自己親生，讓子女繼承財產，另一個當然就是財產私有制。恩格斯認為，正是父權制度催生出資本主義。我們也可以說，資本主義反過來強化父權制度，資本主義的壓制模式在家庭裏重現，社會上資本家支配工人，在家裏男性支配女性。所以要消除性別不平等，跟消除階段不平等一樣，就是要先推翻資本主義的剝削制度。

到了今天，很多過往父權制度之下的男女不平等已經消除，例如只有男性擁有財產權和繼承權。但仍存在不少殘留的壓制，例如子女必須跟從父性，又例如性搔擾，通常也是一種權力關係，男上司性搔擾女下屬，男教授性搔擾女學生。但更嚴重的不平等是存在於家庭。

女性是如何變成的？

西蒙·波娃說：「女人不是天生，而是變成的」，至於「如何變成？」，就可以用父權制度來解釋，我們甚至可以假設女性的一些自然性質如身高和體能，都是在父權制度下選擇的結果。比如說由於男性喜歡身形細小的女性，結果身形龐大的女性就不獲交配的機會，長此下去，她們的遺傳因子就會消失，結果現在的女性大部分身形都比男性小。

❸ 家庭與生育

在香港，很多女性幹的都是低收入的工作，例如清潔工人，而女性的平均收入也低於男性；女性在議會的代表性也不高，香港超過五成的人口是女性，但議會的代表約只有 20%。為什麼在今天男女擁有平等機會和權利的社會，女性的工作表現普遍低於男性呢？尤其是有證據顯示，女性普遍的學習成績是高於男性。道理很簡單，因為除了工作之外，女性還要負責生育，照顧家庭和子女，所以工作的表現會比男性差，晉升亦受到限制。這也是前面所講性別角色的問題。

不同於公共領域，家庭裏的性別角色仍是牢不可破，其中一個原因是家庭一直被視為私人領域。彌爾就認為我們在私人領域有自由做任何事，只有公共空間才有可能傷害和影響其他人，所以行為才要受到限制，而家庭正是公私之間的灰色地帶。不錯，家庭不同於社會，它的首要德性不是公正，而是愛或情感，它足以消磨家庭成員之間的利益衝突。正所謂清官難審家庭事，但並不表示家庭就不可以講權利和平等，今天，「婚內強姦」的觀念已被接受，虐兒亦會受到懲罰，香港也剛剛通過了「家暴條例」，保護家庭裏的弱勢成員，免受暴力的傷害，資料顯示，大部分配偶虐待事件中的受害者都是女性。家務也可以根據平等原則來分擔，女性固然要有產假，男性也需要產假，沒有理由假定照顧初生子女的責任一定要落在母親身上。正如女性主義者傅瑞丹所講，性別平等不單是女性的事，男性也有份，女性需要走向公共領域，男性則要走入家庭。

女性迷思 VS 男性迷思

女性主義者傅瑞丹（Betty Friedan, 1921-2006）分別在《女性迷思》和《第二階段》提出了女性迷思和男性迷思，這兩種迷思都是源於社會期望，男女為了符合性別角色的要求而產生迷惘。

女性迷思	男性迷思
女性是從男性的關係和母職的角度來定義自己，在社會期望下，她們必須擔當賢妻良母的角色。如果女性覺得不快樂的話，就會以為自己有問題，這造成女性無名的痛苦	男性是從跟其他男性的競爭上定義自己，所以男性必須堅強，處處提防別人，這令男性變得孤立，但他又恐懼別人進入自己內心，認為這是軟弱的表現，這造成了男性的痛苦

恩格斯認為，所謂「家務是愛的勞動，出於母親無私奉獻」的說法，完全是虛假意識，他主張家務要支薪，女性要走入公共領域，兒童由國家集體撫養。有些女性主義者認為，即使家務可以平等分配，但生殖始終只有女性才能做到，男性不可以代勞，而男女不平等的根源就在這裏，所以她們主張女性有墮胎的權利。而女性主義者法爾史東（Shulamith Firestone, 1945-2012）則更激進，她在《性的辯護》（1970）一書寄望科技的進步，生殖可以完全交由科技處理，由試管受精開始，胚體培育到嬰兒出生，並且由社會全體負責育兒的工作，全面摧毀家庭制度，有點柏拉圖理想國的影子。

亦有比法爾史東更激進的女性主義者，正如艾倫（Jeffner Allen）在〈母職：女人的毀滅〉（1984）一文中指出，母職是男性利用女性身體進行父權

231

再生產的工具，再生產過程包括：異性戀性交、懷孕及照顧孩子，要停止對女性的壓迫，就要從母職中解放出來，拒絕當母親，不要生小孩。但原來還有更激進的女性主義者，她們認為，既然異性戀是父權制度的產物，要徹底擺脫男性對女性的壓制，完全從生殖和母職的角色解放出來，同性戀是一個出路。

當然，自由主義者也主張女性有墮胎權，有不生孩子的權利，甚至有同性戀的權利；但女性主義者的不同在於她們視這些權利為一種抗爭，是顛覆父權制度的手段，亦正如她們所講：「個人即政治」。

女性主義與性別平等

女性主義是一個統稱，女性主義者之間也有不同的觀點和主張，當然，就爭取性別平等來說，她們的目標是一致的。

18 世紀	沃斯頓考夫特	《為女權辯護》	爭取女性的政治權利
19 世紀	泰勒	〈女性解放〉	女性可以選擇不結婚
20 世紀	西蒙・波娃	《第二性》	女性不是天生，而是社會建構而成
	傅瑞丹	《女性迷思》	女性要走向公共領域
	法爾史東	《性的辯護》	女性要從生殖和母職解放出來
	艾倫	〈母職：女人的毀滅〉	女性要拒絕當母親

　　不過，亦有女性主義者反對法爾史東等人的主張，例如歐布安，她認為問題不在於女性的身體，而是男性對女性身體的操控，她指出，生殖其實是女性的獨特經驗，將生殖完全交給科技處理，女性的地位將會更差，因為喪失了獨特性。

　　從自由主義角度看，女性如果要追求事業的成功，可以不選擇生育，甚至不結婚，自由是有成本的。既然選擇了結婚和生育子女，也就要付出相應的代價，所以即使社會上的上層職位多數都是男性擔任，這樣的結果仍然是公正的。

❹ 公正與關懷

　　女性主義者吉利根（Carol Gilligan, 1936- ）在《不同的聲音》（1982）一書指出，男女有着不同的思考模式，產生相異的道德觀念。她認為，男性道德判斷的核心是「公正」，而女性則是「關懷」；前者涉及抽象的理性，強調的是普遍性，後者源於具體的情感，重視的是情境的特殊性。大部分西方倫理學講的都是權利、義務、公正和平等，屬於男性的思維，因為這些哲學家都是男性。吉利根認為，這種「正義倫理」強調的是人的自主性和個人的權利，容易導致人與人之間的分離，對人缺乏關懷和同情；而她主張的「關懷倫理」則可以補救這種缺失。

　　自從吉利根提出「關懷倫理」之後，引發了很多討論。有人認為，應該用關懷倫理取代正義倫理，這樣人與人之間就會減少紛爭，甚至戰爭，世界也會和平得多。有人則批評，強調男女有不同的道德思維是一種本質主義，它只會強化男女性別的角色（例如男性出外工作，女性在家照顧子女；男性適合做醫生，女性適合做護士），令女性處於弱勢。一般來說，男性比較擅

長抽象的思考，講求公正和公平；女性則比較重視人和人之間的關係，關懷別人的需求。但究竟這是天生如此，還是社會化的後果呢？

柯柏格的道德發展理論

柯柏格（Lawrence Kohlberg, 1927-1987）用心理學的方法，發現兒童的道德發展共有 6 個階段：

第一階段：避罰和服從	對的行為就是服從權威和避免懲罰
第二階段：個人工具目的和交換	對的行為就是符合個人需求，也懂得跟別人訂立公平交易
第三階段：互惠的人際關係和服從	對的行為就是符合個人在人際關係中所肩負的義務和責任，涉及的德性是忠誠和信任
第四階段：社會制度和良心維護	執行社會義務和維持團體的利益
第五階段：先在權利和社會契約	對的行為就是維護人的基本權利及法律的協定
第六階段：普遍倫理原則	忠誠地服從全人類應遵守的抽象原則

根據柯柏格的標準，關懷倫理屬於第三個階段，是道德的未充分發展。吉利根則認為這種看似中立的經驗研究，其實是充滿了偏見和性別歧視，因為這是從男性角度來判斷。

科德羅（Nancy Chodorow, 1944- ）在《母性的複製》（1978）一書中指出，人的個性跟初出生幾年的成長經歷有着密切的關係，男女之別也是由此造成。兒童通常或主要由母親撫養，父親多數不在家裏，為了認同父親，男孩必須遠離母親，產生分離意識，而女孩則認同母親，產生關聯意識，這樣男女的不同就一代一代複製下去。結果是男性重視「分離」，難於跟人相處，甚至是家人；而女性則重視「關聯」，照顧和滿足他人的需要，但因而要犧牲自己，所以在事業上的表現比男性差。

戀母情意結 VS 戀父情意結

某個意義下，科德羅對男女性格相異的解釋是建基於對佛洛依德心理學的批評之上。根據佛洛依德的理論，女性的道德發展是低於男性。

兒童約在三歲出現戀母情意結

小男孩	小女孩
想獨佔母親的愛，但又懼怕父親的權威，於是產生閹割焦慮，怕陰莖被父親切除，為了消除焦慮，小男孩要放棄對母親的依戀，認同父親，發展「超我」，學習父親給予的道德規範	最初跟小男孩一樣，依戀母親，但她發現自己沒有陰莖，以為自己的身體不完整，於是埋怨母親，產生陽具妒羨，愛戀有完整身體的父親，產生戀父情意結，無法發展出超越慾望的「超我」

科德羅理論的好處是有一定程度的驗證性；相反，佛洛依德的理論就缺乏驗證性，所謂「閹割焦慮」和「陽具妒羨」的説法欠缺否證的可能性，換言之，根本不是科學。

我認為先天和後天兩種因素都存在，女性作為生育者，關懷子女肯定比男性強烈，生理上跟賀爾蒙的分泌有關，而賀爾蒙又會對心理產生影響；但並不表示男性就不可以做一個像母親一樣的關懷者，因為關懷也是一種實踐活動，需要學習和反省。

我認為，「正義倫理」和「關懷倫理」主要對應着公私兩個領域。在公共領域，我們重視的是權利得到保障，競爭合乎公平；但在私人領域，比如家庭，似乎就不應大談權利，但並不是說個人的權利完全不適用於家庭，比如說，父母虐待子女也是犯法。同理，關懷倫理也可引申到公共領域，以保正義倫理的不足，從這個角度看，社會福利就是將關懷制度化，所以我反對將福利看成是人的基本權利。

至於有批評說，正義倫理和關懷倫理相應於公私領域的劃分，會強化性別角色的不平等；我認為不一定，雖然正義倫理源於男性思維，關懷倫理源於女性思維，但並不表示男性就一定比女性更懂得理性的抽象思考，或者男性就不可以對人充滿關愛，因為思考和關愛都要經過學習。以起源來限定事物正是犯了起源謬誤。

雖然西方哲學傳統是以正義倫理為主，但西方文化的另一個源頭基督教就十分重視愛，愛不就是關懷嗎？信、望、愛正是基督教所主張的三大德性，洛克的權利思想也有着基督教的根源，從這個角度看，我們或許可以建構出一種包含權利和正義的關懷倫理學，正義不過是愛的一種表達方式。回頭再看中國文化的儒家思想，孔子所講的仁，也就是愛，是關懷；不過，儒家的缺點正是缺乏一種保護個人權利的公正觀念。也許，一個理想的社會就是既重視個人權利，成員又能夠互相包容和關懷。

4 結語

　　我們很多時都將「歧視」與「不平等」互換使用，例如性別歧視就是性別不平等，性別不平等就是性別歧視。我認為，「歧視」這個概念比「不平等」更加「麻煩」。英文的 discrimination 有兩種用法，一種是描述性的用法，任何區分都可以叫做「歧視」，包括不同的對待，另一種是評價性的用法，跟「不平等」的評價性用法大致相同，都是指不公平。前面解釋過，平等或不平等也有描述和評價兩種用法，而在評價用法下講的平等原則又有兩部分，第二部分説有時要不同對待才是平等。換言之，「歧視」和「不平等」這兩個概念既有相同，也有相異的用法，也容易使人混淆這些不同的用法，導致思考的混亂。在這裏我們關心的是評價意義下講的「歧視」和「不平等」，歧視就是指不同對待所引致的不公平，它對應的是平等原則的第一部分。另外，我認為「歧視」多從動機方面講，而「不平等」則多從後果方面講；歧視會導致不平等，但不平等不一定來自歧視。

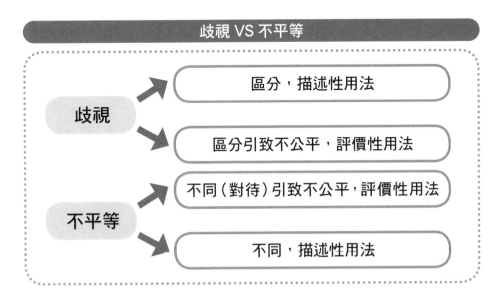

歧視 VS 不平等

歧視
- 區分，描述性用法
- 區分引致不公平，評價性用法

不平等
- 不同（對待）引致不公平，評價性用法
- 不同，描述性用法

　　從個人的層次看，種族歧視和性別歧視比階級歧視普遍，一來性別和膚色比階級容易辨認，也容易引致歧視；二來性別和膚色是自然屬性，階級卻不是，階級是社會屬性，階層可以流動，階級可以改變，但改變自然屬性就困難得多。當然，變性是可以的，由女性變為男性，但變性的目的一般不是因為受到男性的壓迫，而是當事人先天上就傾向認同男性的性別。

　　我相信種族和性別不平等最終有一日可以消除，但階級不平等則不同，階層化是社會的基本結構，看來階級不平等是無可避免的。我認為，政治的本質就是少數優秀分子領導大部分人，即使在現代民主社會也不例外。而且本質上權力和地位是不可能平等分配的，權力具支配性，不可能所有人都擁有相同權力；地位也一樣，某人的地位很高，即表示有其他地位低的人存在。當然，有人可能提出反駁，古代民主不就是用抽籤或輪流的方式來出任公職，共同分享權力嗎？可是，這種做法根本不適合現代多元化的國家，不單是人口問題，也跟社會分工有關。

　　根據香港政府在 2013 年的公佈，有高達 131 萬人處於貧窮線之下，佔全港人口近 20%，扣除社會福利補助之後，仍有 102 萬貧窮人士。這些貧窮人士大部分是低下階層、婦女和少數種族裔。要幫助階級、性別和種族的弱勢社群，單單改善經濟是不夠的，香港不就已經是一個繁榮富裕的社會嗎？正如孔子所説：「不患寡而患不均」。當然，我們可以用稅收和社會福利作財富再分配，拉近貧富的差距。但重點應該是提供社會保護網，使這些強弱勢社群可以重新站起來。亦正如上一章所講，我相信科技的進步，有一天生產力將會大大提升，最終可以解決生存需要的消耗問題。

　　在文中我將平等原則了解為「平等對待原則」，但平等原則也可以建構為「平等參與原則」，後者會比前者更加進取。我並不大贊成後者，但就不

在這裏爭辯。無論是平等對待原則，還是平等參與原則，背後的精神是一樣的，就是對人的尊重。有關性別平等的問題，我認為女性主義誇大了性別是社會建構的一面，反而忽略了性別的差異，尊重的精神就是要平等對待差異，人類社會其實也有第三性存在，在浩瀚的宇宙中，還有可能存在第四種，甚至第五種性別。

第七章

戰爭

戰爭可以消除嗎？

戰爭的形象，是流血、痛苦和死亡

——托爾斯泰

　　有史以來，在地球上出現的國家，大部分都是在戰爭中被消滅，也可以說，到目前為止，人類的歷史就是一部戰爭史，難怪有人認為戰爭是常態，但真的嗎？戰爭真的不可以消除嗎？

　　戰爭可以定義為一種狀態，就是兩個或以上的國家或團體，使用暴力互相攻擊，以求達致某些目的。根據定義，美蘇兩國的「冷戰」就不算是戰爭，個人之間的打鬥亦不是戰爭，戰爭必須是集體性和有組織的。戰爭通常發生在國家之間，當然，也會發生在國家之內，即是內戰。

　　不同時代的戰爭形態亦有不同，原始時代，由於經濟不穩定，為了生存，部落之間常發生掠奪性的戰爭。中國春秋和戰國這兩個相連時代的戰爭也很不同，春秋打的是爭霸戰，而戰國打的則是兼併戰。爭霸的目的是為了名譽和利益，但也有維持國際秩序的積極意義，所以戰敗國只須服從就可以，戰爭也多以簽訂和約而告終；但兼併戰爭就不同了，是要滅人之國，所以戰爭的規模和慘烈都是倍增。歐洲國家在中世紀時代一方面有王朝爭奪戰；另一方面又跟中東伊斯蘭教國家有宗教戰爭。到了 19 世紀，有帝國主義的殖民戰，及民族國家的獨立戰。二次世界大戰之後，西方民主自由國家跟社會主義國家又有政治意識形態之戰，某個意義下，韓戰就是美蘇兩大國在韓國所打的代理戰。

　　很多人認為,戰爭不過是政治的延續,是正常解決衝突途徑(如談判和外交)失效之後的唯一方法。衝突的原因很多,例如爭奪利益、種族仇恨、政治意識形態及宗教信仰的差異等。有時獨裁者為保住政權,也不惜對外發動戰爭,轉移民眾的視線。但我認為主要的原因還是利益,特別是經濟利益;即使是種族和宗教的衝突,背後也往往涉及重大的利益。戰爭花費巨大,沒有利益的話,貿然開戰是不智的。國家成立的目的不就是為了防禦敵人,保護人民的利益嗎?當然,「國家利益」不一定等於人民利益,有時只不過是少數當權者的利益。

政治、經濟和戰爭

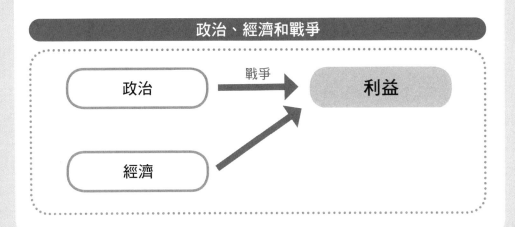

戰爭
政治 → 利益
經濟

不同的哲學立場

　　戰爭充滿血腥和暴力、破壞和傷害，尤其是經歷了兩次世界大戰，認識到德國納粹主義和日本軍國主義的暴行，大部分人都會感到戰爭的恐怖，視戰爭為邪惡。畢卡索的名畫《格爾尼加》描寫的雖然是西班牙內戰，但其反戰主題有着普遍意義，也反映了這個時代的心聲。

畢卡索的「和平鴿」

畢卡索另一反戰作品是《和平鴿》，
後來以白鴿代表和平也是源於此畫。

　　二次大戰結束距今已有 70 年，戰爭的傷害也漸漸遭人遺忘，在現今的社會，原來也有不少人贊成戰爭，這並不出奇，因為歷來都有哲學家讚美戰爭。對於戰爭，基本上有三種哲學立場，分別是浪漫主義、和平主義及現實主義；其中和平主義又可以再細分出有限度和平主義。

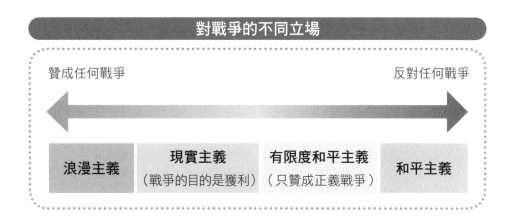

❶ 浪漫主義

　　浪漫主義者認為戰爭是必須的，因為它對人類有好處，它不但可以清除社會的弱者，也能夠培養人高貴的品質，如勇氣、堅毅、團結、果斷、智慧等等。事實上，戰爭關乎生死存亡，的確可以將人的天資和能力發揮到極致，正如現代很多先進的科技，都是來自軍事研究。黑格爾就認為戰爭可以清理一個國家，令它更加健康，將戰爭視為成就國家信仰的關鍵，黑格爾特別推崇拿破崙，稱其為「戰馬上的世界精神」。但數到極力讚揚戰爭的哲學家，則非尼采莫屬。尼采認為戰爭是人的天性，是生命力的表現，戰爭所帶來的苦難也是我們學習的最佳機會，戰爭及勇氣所帶來的成就，遠非和平與博愛可及，一般人以為為了崇高的目的而戰爭這種想法是錯的，反而是戰爭令目的變得崇高。

　　浪漫主義不是不重視生命，為了戰爭而犧牲生命，正顯示出生命的價值。如果沒有什麼值得犧牲生命，也沒有什麼值得活下去。浪漫主義要傳達的思想正是生命的品質比生命本身更重要，戰爭是對民族和國家的試鍊，只有強

者（精神）才可以繼續生存。至於最具浪漫精神的征服者，恐怕就是亞歷山大帝，他征服了希臘、埃及和波斯，建立了龐大的帝國，似乎只是為了榮譽，現在回頭看來，他的功績僅在於將希臘的文化傳播出去。

我認為這種浪漫主義的思想有着古老的根源，那就是戰爭是神聖的觀念。古代社會給予戰士極高的榮譽，希臘神話、印度婆羅門教的《吠陀》和《舊約》都歌頌戰爭。在古代，伊斯蘭教更藉戰爭傳播教義，視為一種神聖的任務。

在舊約的記載中，以色列人得到耶和華的認可，對其他民族進行清洗，從摩西帶領以色列人出埃及，直到應許地定居（那時摩西已死），途徑之處，不知有多少民族遭到消滅。美國實用主義哲學家詹姆士指出，希臘的歷史也充滿主戰思想和帝國主義。有一部電影叫做《戰狼300》，是講述斯巴達三百名勇士對抗波斯大軍的侵略，有人認為這是影射美國對戰伊拉克，但似乎有過度詮釋之嫌，因為斯巴達是一個名符其實的極權軍事國家，每一個人從小就開始就被訓練如何殺人，以斯巴特代表民主和自由，恐怕説不過去。但雅典也好不了多少，歷史記載，為得到米羅斯島的統治權，雅典不惜發動戰爭，屠殺了島上所有男性，將婦女和小孩當作奴隸，然後再派五百人到島上殖民，是赤裸裸的權力政治。

但浪漫主義實在將戰爭浪漫化，戰爭中死亡的不一定是弱者，被派到前線作戰的多數是年青力壯的男性，況且為什麼弱者就要被淘汰呢？另外，即使戰爭可提升人某些品質，但亦有別的方法可以做到，例如運動競賽就足以提升諸如勇氣、堅毅、團結等品質；而且，別忘記戰爭也可令人變得劣質、殘暴和瘋狂。

我認為，所有讚美戰爭的浪漫主義者都應該派上戰場作戰，那社會上就

不會有這麼多讚美戰爭的浪漫主義者了。因為他們要麼會改變立場，要麼可能在戰場上被殺。

❷ 和平主義

跟浪漫主義對立的正好是和平主義，和平主義認為戰爭是邪惡的，並且可以廢除，因為衝突應該用非暴力的方法來解決。和平主義反對戰爭，因為在戰爭中殺人是無可避免，而殺人本身就是錯的，所以任何戰爭在道德上都是錯的。和平主義認為只要大家都遵守這原則，就不會有戰爭。

耶穌就是一個徹底的和平主義者，他說：「要愛你的仇敵，不要與惡人作對，有人打你的右臉，連左臉也要轉過來由他打」，所以早期的基督教是反戰的，並拒絕在羅馬的軍隊服役。不過，當教會掌權之後，接受了保羅的觀點，將權力和戰爭結合在一起。然而，新約反戰，舊約主戰，根本就是矛盾，幸好有神學家奧古斯丁將之調和，提出正義戰爭的主張，只有正義戰爭才合乎上帝的旨意。當然，十字軍東征不過是假借上帝之名進行侵略。兩次世界大戰時，很多和平主義者因拒絕服兵役而被監禁和起訴。近代的著名和平主義者則有托爾斯泰（Leo Nikolayevich Tolstoy, 1828-1910）和甘地。

根據和平主義，所有戰爭都是不道德；那麼，就連自衛戰爭都是錯的。這似乎是自打嘴巴，因為和平主義反對戰爭的理由就是為了保護人的生命，但被人攻擊的時候，為什麼又不可以保護自己和其他無辜的人的生命呢？

即使是和平主義者甘地，雖然以非暴力的方法進行抗爭；但也說當家人受到傷害時，亦需要用武力抵抗。或者和平主義者會說，自衛殺人是可以，因為襲擊者並非無辜，但自衛戰爭卻不可以，因為戰爭一定會殺害無辜者。

例如美國所發動的「反恐戰爭」，要消滅恐怖分子就要攻擊窩藏恐怖分子的國家，但少不免會傷及無辜的平民。即使是士兵，難道他們就一定不是無辜嗎？他們也可能是被迫上戰場，根本沒有選擇的餘地。

和平主義者的反戰論證

殺害無辜的人是錯的

戰爭是殺害無辜的人

} 前提

所以，戰爭是錯的

} 結論

　　表面上看，這是一對確論證，如果前提真，結論必然為真。要攻擊這個論證，就要攻擊它的前提。在這裏，所謂「無辜的人」指的是平民，即非作戰人員。第一個前提「殺害無辜的人是錯的」，一般來說這個原則是對的，但也有例外，有時為了拯救更多人的生命，即使殺害無辜的人，也並非是錯的。至於第二個前提「戰爭是殺害無辜的人」，這句話的意思需要釐清，通常戰爭的目的不是要殺害無辜的人，有時戰爭是帶來和平的必要手段，我們要譴責的是戰爭中殺害平民的事件。

　　就個人層面，和平主義者可以貫徹自己的主張，打不還手；但沒有理由要求其他人跟他一樣，放棄保護自己的權利。和平主義不切實際的地方正在於姑息邪惡之人，即使大部分人都不喜歡戰爭，都願意遵守「不戰爭」這條規則，但這世人總有些人是不守規則的，如果被侵略也不作抵抗的話，豈不是助長邪惡，令更多無辜的人受到傷害嗎？佛教也是主張和平主義，即使遇

到暴力亦不作抵抗，有說當年回教徒入侵印度時，就是因為佛教徒不作抵抗而遭消滅，所以從此佛教就在印度消失。由此可見，至少自衛戰爭是合乎道德的。

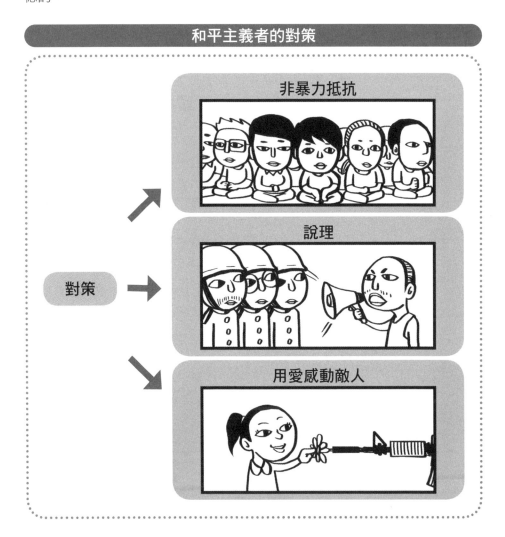

❸ 現實主義

　　現實主義是界乎浪漫主義和和平主義之間，現實主義認為戰爭根本不能令人性變得高貴，戰爭雖然是不好，但國家為了生存，卻是不可避免的；不過應該對戰爭加以限制，減低不必要的傷亡。在這個意義下，馬基維利和霍布士都是現實主義者。馬基維利主張只要戰爭是「必須」的，就是合法；但何謂必須呢？以保衛國家為例，只要能達成這個目的，任何方法都「必須」使用。為了保護國家的安全，主動的攻擊是必須的；即使是違反道德的卑劣的手段，也都必須使用。

　　當然，有人不同意馬基維利的主張，雖然戰爭無可避免，也不表示可以放棄道德；即使是戰爭，還是有規則應該遵守，戰爭也有正義的，下一節會討論正義戰爭的主張。

　　在這裏，我將現實主義了解為一種以理性和務實的觀點來看待戰爭，在這個意義下，中國春秋戰國時代的孫子也是現實主義者。孫子是兵家的代表人物，出生於春秋晚期，比起春秋早期，戰爭已變得愈來愈殘酷，由春秋時的爭霸戰，開始演變為後來戰國的兼併戰。在這種背景下成長，孫子有機會認識戰爭的殘酷，繼而思考戰爭的本質，寫下曠世名著《孫子兵法》。

　　我認為貫穿整部《孫子兵法》的就是一種以「目標為本」的理性精神。戰爭的目的是什麼？當然是為了取勝，但戰爭又不是遊戲，不會純以勝利為目的，取勝就是為了獲取利益，這才是戰爭的真正目的。戰爭雖然可獲取利益，但也有很大的成本，因為戰爭是「日費千金」，每一個出外作戰的士兵，就需要有七個人來供養他，打敗仗還有亡國之危，所以孫子主張「慎戰」。《孫子兵法》第一篇叫〈始計篇〉，說明開戰之前應該做些什麼，就是計算一下敵我雙方的實力，從而估計有沒有取勝的把握。

孫子的開戰合法性

開戰前計算的項目有五個，其中最具哲學意味的就是「道」，道是指開戰的合法性，但孫子只講了兩點，就是「民信」和「人和」。

人民不信任政府

全國上下不齊心

不應開戰

孫子認為，最大的勝利就是付出最少成本，獲取最大利益，那就是效益最大化。孫子主張先以謀略和外交手段挫敗敵人，因為成本最低。由此可見，所謂「不戰而屈人之兵」並不是什麼反戰思想，而是追求最大的效益。

現實主義也是目前各國對外的主導思想，外交和戰爭都是為了獲取利益，表面上的和平也不過是勢均力敵，互相牽制的結果。雖然現在我們有聯合國致力維持和平，但其效力並不大，國際間的關係反而更像霍布施所講的自然狀態，沒有道德和法律可言，最後還是看誰有（軍事）力量，單看各國龐大的軍事經費就可以知道軍備的重要性。

❹ 有限度和平主義

雖然現實主義最合乎國家利益，也是大部分國家的依據，但這樣無助於維持世界的和平，也不符合地球的整體利益。和平主義雖然精神高尚，但卻不切實際。所以，我認為最合理的立場就是界乎和平主義與現實主義之間，那就是有限度的和平主義。有限度和平主義不同於不作任何武力抵抗的和平

主義，它贊成有助於實現長遠和平的戰爭。

有限度的和平主義跟和平主義一樣，背後都有着博愛和平等之類的思想，這也是和平主義的可貴之處。在今天全球一體化的時代，國家界限已經開始模糊，代之而起的就是世界公民的觀念，更見博愛和平等的價值有着時代的迫切性。

中國戰國時代的墨子也是有限度和平主義者，墨子認為當時社會動亂的原因是「虧人以自利」，人人都為了自身的利益而傷害其他人，於是他提出「兼愛」的主張，如果人人都能夠相愛，就不會有國與國相伐、人與人相害的事出現。墨子更指出，戰爭對誰都沒有好處，戰爭只帶來破壞，即使是戰勝的一方，也往往耍付上沉重的代價，實際無利可圖，由此引出其「非攻」的主張。墨子反對的是侵略性的戰爭，並不反對保衛性的戰爭。

墨子也是墨家的創始人。墨家不但是一學派，也是一個嚴密的組織。組織的成員要嚴格遵守組織的規矩和首領的命令，組織會派弟子到各國任官，宣揚墨家的主張，但如果違反了墨子的教誨，就會被撤職召回。這也是一個武裝組織，目的就是阻止侵略性的戰爭，例如有一次墨家答應了幫助陽城君守城，結果戰死的弟子有 180 人之多。墨家簡直就是亂世中的志願性服務團體，不但為反戰東奔西跑，甚至奉獻出寶貴的性命，難怪能夠成為當時的顯學，跟儒家分庭抗禮。

雖然墨子是兩千多年前的人，但他的思想對今天全球化的世界仍然有啟發性，要有力量維護和平，我們需要的是跨國界和獨立的武裝團體；要打破國界，也需要提倡兼愛和平等的觀念。

先秦儒家也可歸類為有限度和平主義。孔子重義輕利，孟子亦有義利之

辨，而當時的戰爭多是侵略性，目的是獲取利益，是不義的戰爭。當然，以下犯上的內亂也是違背義的，例如孔子當時身處的魯國就有反君主的「三桓之亂」，孔子是極力指責的。然而，像周伐商那種推翻暴君的革命之戰又當別論，孟子就明確指出推翻暴君的革命是合理的。當然，孟子主張施行仁政，令天下歸附，反對以武力一統天下。最主張仁義之師的是荀子，荀子較重現實，要維持國際秩序，防暴除害，武力是必須的，用兵只是濟仁義之不足。雖然荀子用兵的態度較孔孟積極，但也是反對侵略奪利的戰爭，不同於孫子。

先秦儒家對戰爭的看法

	保衛國家之戰	推翻暴君之戰	統一天下之戰
孔子	贊成	贊成	反對
孟子	贊成	贊成	反對
荀子	贊成	贊成	贊成

即使人有着好戰的本性，但也不完全是壞事，因為它引發出的尚武精神可以令人產生勇氣和榮譽。但我們要為人類的好戰本性尋求出路，即戰爭的代替品，最好就是將它改造為對抗自然的力量，及維持和平的軍事組織。

2 正義戰爭

　　戰爭雖然不好，但某些情況下卻必須戰爭，才合乎正義。正義戰爭理論的奠基人是公元 4 世紀的奧古斯丁，再經過阿圭那等神學家幾百年的討論，最後訂出了正義戰爭的條件，總共有六個，前四個是開戰的條件，另外兩個是作戰時要遵守的規則，違反任何一個都不是正義的戰爭。正義戰爭是天主教的官方立場，也得到不少哲學家的支持，例如當代哲學家安思康和內格爾都贊成正義戰爭。

　　但亦有人認為，正義戰爭理論不過是中世紀時期的產物，根本不適用於現代戰爭；那麼，這是否表示我們要修改正義戰爭的規則，還是反過來判定，所有現代戰爭都不是正義呢？

❶ 開戰條件

　　開戰的條件有四個。第一，由一個合法的政權宣戰，例如在美國，就要得到國會的授權同意。第二，必須有正當的理由，例如保衛國家。第三，宣戰是最後的途徑。應設法先用和平的手法如談判來解決問題，一切可行的途徑都失敗後才訴諸戰爭。當然也要考慮成功的機會，如果成功機會很低，也不應宣戰。第四，宣戰的目的是帶來和平，並且要尊重敵人。

　　現在就讓我們檢視一下這些條件有沒有修改的必要。根據開戰的第一個條件，任何革命戰爭都是不正義的，就連法國大革命、美國的獨立戰爭和申亥革命都是。當然，堅持這個條件的人會說，不用暴力也可以帶來改變，例如甘地不就是主張非暴力抗爭來爭取印度的獨立嗎？但其實當時印度一直有武力獨立派在活動。和平的方法是否可行，要視乎對手而定，如果是極權獨裁的政府，革命可能是唯一的方法。

　　除了自衛之外，有人認為必須由聯合國授權開戰才算是合法，例如 1991
年攻擊伊拉克的波斯灣戰爭，以美國為首的聯軍是得到聯合國的批准；但
2003 年美國攻擊伊拉克，就沒有得到聯合國的批准就自行出兵。為了正義戰
爭更具合法性及長遠和平的目標，實有必要加強聯合國的權力。所以，我認
為第一個條件需要修改。不過，聯合國本身也有改革的必要，使它能更有效
發揮維持和平的功能，下一節會討論這方面的問題。

　　至於第二個條件，何謂正當的理由？「自衛而戰」毫無疑問是正當的理
由，但何謂「自衛」？可能有爭議的地方。就以第二次波斯灣戰爭為例，美
國開戰的理由是「伊拉克擁有大殺傷力的武器，並且會危害美國的安全」，
假使伊拉克真的擁有大殺傷力的武器，但畢竟伊拉克尚未動手，美國也沒有
即時的危險，就趕快先發制人，這可否稱為「自衛」呢？

　　除了抵抗侵略者的自衛戰爭之外，幫助他國自衛而介入戰爭又算不算合
理呢？雖然我們有自衛權利，但由此不能推論出他國有義務幫助我們自衛，
除非兩國之間有協議。不過，既然自衛本身是合理，幫助他國自衛也是合理
的。以第一次波斯灣戰爭為例，聯軍跟伊拉克開戰的目的，就是要驅逐入侵
科威特的伊拉克軍，這就是幫助他國自衛。但美國或北約跟科威特並沒有防
衛協議。

　　有人指出美國其實是為了中東的石油利益才開戰，為了國家利益而戰究
竟是否正當的理由呢？我認為那要視乎具體的做法，美國並沒有將油田據為
己有，只是想確保石油供應的穩定性，這不但對美國有利，也對維持國際秩
序有幫助。所以，即使美國有這個動機，也不算不道德，只要開戰的目的（將
伊拉克軍隊逐出科威特）能夠達成。相反，雖然伊拉克也是為了國家利益而
攻擊科威特，但她是「損人利己」，所以是不道德。

美國另一個開戰的理由是推翻侯賽因的極權統治，解放伊拉克的人民。推翻殘暴的獨裁者，實現民主自由的價值，算不算正當的理由呢？另一個例子，1994 年，非洲小國盧旺達發生了百日的種族清洗，圖西族人被大規模屠殺，遇難者不分男女老幼，都是手無寸鐵的平民。假使當時有另一個國家為保護圖西族人而出兵盧旺達，這算是正當的理由嗎？為保障人權可干涉別國的內政嗎？

洛爾斯認為，除了自衛之外，基於人道的理由，例如種族清洗，他國也可以出兵干預。但若為了實現自由民主的價值，藉戰爭改變敵國的政體則是不容許，我們應該尊重一個國家的歷史文化演變，用武力強行改變政體是不合理的。不過，如果是極端邪惡的政權，並且向他國進行大規模的侵略，為了實現戰爭的目的（第四個條件），強行改變其政體也並非不合理，例如二次大戰後美國對德國和日本的政體改造。但由於改變政體具有特殊性，不宜作為開戰的理由。

宣戰的三個正當理由

① 自衛

② 協助自衛

③ 基於人道，如阻止種族清洗

第三個條件，宣戰是最後的途徑，相信沒有人會反對；不過，如何判斷戰爭是沒有其他選擇的最後方法呢？宣戰是否最後的途徑可能會有不同的看法。以第一次波斯灣戰爭為例，就有人相信對伊拉克進行經濟制裁和出入口

封鎖，最終會令伊拉克就範，撤出科威特。亦有人質疑美國在攻擊阿富汗之前，並未給予塔利班政權充分的時間，考慮交出發動 911 襲擊的元兇拉登。當然，要判斷戰爭是否最後的途徑，實有賴於我們所將掌握的事實狀況，並且能夠對整個局勢作通盤的考慮。

第四個條件：宣戰的目的是帶來和平，並且要尊重敵人。這個也很明顯，相信也沒有人反對。不過，美國發現了拉登的蹤跡之後，立即就殺掉他，沒有交予國際法庭審訊，似有報復之嫌，違反了這條規則。要判斷戰爭的目的是否帶來和平，往往要靠開戰時或戰後的表現來判斷，它跟作戰時應遵守的「比例原則」有密切關係，所以將它訂為開戰的條件似有不妥。

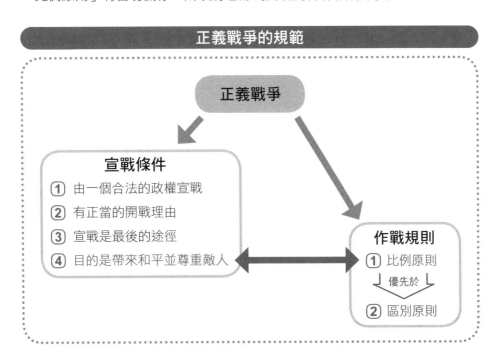

正義戰爭的規範

正義戰爭

宣戰條件
① 由一個合法的政權宣戰
② 有正當的開戰理由
③ 宣戰是最後的途徑
④ 目的是帶來和平並尊重敵人

作戰規則
① 比例原則
　　優先於
② 區別原則

❷ 戰時規則

　　作戰時有兩個規則，第一個是比例原則。所謂合乎比例的意思是戰爭所造成的傷害不要大過目標所需，比如說，只要用 100 磅的炸彈就足以摧毀目標，那就用不着 200 磅的炸彈，因為會造成不必要的破壞和傷害。換句話說，只要戰爭的目標達成就必須停戰，使用適當的武力，搶掠、濫殺、強暴，虐待戰俘等行為都必須禁止，違者會被處分。第二是區別原則，要區分作戰人員和非作戰人員，不要攻擊非作戰人員；也要區分軍事設施和非軍事設施，不要攻擊非軍事設施。

　　戰爭要遵守以上的規則，在道德上是完全正確的；但在生死存亡的交戰當中，我們真的可以執行嗎？有人就批評為不切實際。在關達那摩灣的美軍基地就有虐待戰俘的事件，違反了第一條規則，但虐待戰俘的目的是為了獲取有利的情報，而有利的情報又對作戰十分重要。

　　至於第二條規則，美國亦曾違反，例如越戰時，邁萊這個地區的平民就遭到屠殺。當然，這並不是美軍的官方立場，只是部分軍人的問題，而違反這些規則的人亦應受到處罰。不過，二次大戰時，美國向日本投下原子彈就明顯違反第二條規則，因為死傷的大部分都是平民，根據定義，就是不正義的戰爭。亦有人認為，第二條規則根本不適用於現代戰爭，因為現代戰爭用的是飛彈，飛彈是不長眼的，不會自動區分作戰人員和非作戰人員。

　　我認為第一條規則比第二條容易遵守，在戰場上，要區分作戰人員和非作戰人員並不容易，因為敵人可能偽裝成平民，又或者用平民作掩護，要攻擊敵人就會同時傷害平民。武器亦可藏於民居，那麼，軍事設施和非軍事設施實難以區分。海灣戰爭時，伊拉克軍就迫平民棲身軍事目標，作為「人盾」

阻延聯軍的攻擊。或者可以這樣看，聯軍的目的只是想摧毀敵方的軍事目標，即使知道炸毀軍事目標會殺死平民，但並不是意圖傷害平民。

雙重效應

2003 年，美國對伊拉克進行大轟炸，雖然說只針對軍事目標作出轟炸，但仍有數以萬計的伊拉克平民死於美國的軍事行動，美國辯稱這是非意圖的後果，不需負上責任。

雙重效應

意圖產生的後果
（應負責任）

非意圖產生的效果
（不需負責任）

區分作戰人員和非作戰人員的理據又在哪裏呢？如果說非作戰人員是無辜，作戰人員不是無辜，那也可進一步質疑，那些完全為了私利而支持戰爭的政客和軍火商真的是無辜嗎？那些被徵召入伍的年輕人不是更無辜嗎？亦有人質疑作戰人員和非作戰人員的區分，是否只有拿起武器的才算是作戰人員呢？情報人員究竟算不算是作戰人員呢？若參與戰爭的都算是作戰人員，那麼，支持戰爭的政客和軍火商又算不算呢？

表面上看，比例原則和區別原則所講的作戰規範差不多，但其實兩者有着潛在的衝突，因為比例原則跟戰爭目的相關，有時在極度緊急的情況下，若遵守區別原則就會戰敗，而只有戰勝才可以帶來和平的話，那麼為了達到戰爭的目的，就必須採用適當比例的武力，違反區別原則；也可以這樣說，

比例原則優先於區別原則。那什麼是極度緊急的情況呢？比如說處於即將亡國的狀態，洛爾斯舉了一個例子，在二次大戰時，英國受到德國的猛烈轟炸，為了自保，不得不對德國的城市作無差別轟炸，若英國不這樣做，很可能會戰敗，而且德國納粹是極度邪惡的政權，若給它取勝就勢必威脅世界的和平。而二次大戰時美國對日本城市進行的無差別轟炸，洛爾斯則認為是不合法的，因為美日交戰以來，美國從來沒有陷入極度緊急的情況。至於後來美國使用原子彈更是錯誤的，因為日本戰敗只是時間的問題。

有人認為動用原子彈雖然殺害了日本 20 萬平民，但提早結束戰爭可拯救很多無辜的生命（當時在亞洲戰區每天還有大量平民的傷亡），及避免了登陸戰美國士兵的傷亡（估計有數以萬計的美國士兵會死亡），也包括日本本土的居民（當時日本海運被封鎖，已在饑荒的邊緣，若再不投降會有數以百萬計平民因糧食不足死亡）。另一個問題是，除了登陸戰之外，談判也是一個可行的選擇，而美國堅持日本無條件投降，似乎別有動機。使用原子彈可確保美國戰勝日本，警告蘇聯不要入侵日本，及後對日本進行政體改造，也為了美國在東亞的利益，在日本設立軍事基地。從後果上看，也許可以證立美國對日本的做法，因為若蘇聯真的入侵日本，很有可能像德國和韓國，變成了北日本和南日本了，對日本人來說，這是更大的不幸。

❸ 正義戰爭的優點和不足

儘管正義戰爭有以上的問題，但至少可確立一標準，用以譴責不正義的戰爭。根據正義戰爭的標準，人類大部的戰爭都是不道德的。例如核子戰爭就一定是不正義的，因為它違反了正義戰爭的最後三個規則。

和平主義者抹殺了正義戰爭和不正義戰爭的分別，將一切戰爭都視為不

道德，不但不切實際（因為要捍衛生命的權利，有時必須戰鬥），而且有礙於長久的和平，因為他們忽略了正義戰爭是有助和平的實現。

其實正義戰爭所講的開戰條件和作戰守則並不是西方文化的獨有現象，其他文化也有類似的想法，出兵要有合法的理由，打仗也要遵守某些規則，只不過沒有表達得那麼清楚和有系統，由此可看出西方思辨文化的優點。中國古代的周禮，也有類似的戰爭規範，例如敵人逃跑過百步不可再追，不可再攻擊受傷的敵人，敵方沒有擺好陣勢不應進攻，要善待投降的敵人等。周禮對各諸侯國的兵力也有嚴格限制，確保周天子有足夠的力量維持和平。

儒家將討伐暴君的戰爭稱為「誅」，亦是正義之戰，但究竟一個君主的表現要差到哪一個地步才可以反抗呢？並沒有明確的標準。由於欠缺明確的標準，就容易被心懷不軌者濫用，成為謀朝篡位的借口。

但正義戰爭理論本身也有問題，因為它所講的只是開戰的條件，並沒有清楚說明符合這些條件就有開戰的義務，即使是義務，但那是誰的義務呢？有所謂「能力愈大，責任愈大」的說法，目前美國是最強大的國家，而美國也以世界警察自居，但美國真的有能力去阻止每一次侵略或嚴重損害人權的事件嗎？看來也是不可能，美國只能夠選擇性「執法」，而且必須有重大的利益。例如 1999 年，以美國為首的北約對南斯拉夫進行了兩個月的轟炸，目的是要阻止米洛索維奇的政權和塞爾維亞民兵對科索沃的阿爾巴尼亞人進行種族清洗。我們可以說，基於人道理由，開戰是合理的，但亦有人質疑美國和北約的動機只是為護自身利益，因為南斯拉夫有着重要的地緣政治利益。正如孫子所說，戰爭是日費「千金」，沒有利益的話，誰會去主持正義呢？相反，在盧旺達的種族清洗事年上，有 80 萬圖西種族人遭到殺害，但由於沒有重大利益，國際社會並沒有作出軍事干預。

　　有時美國為了自身的利益，甚至幫助他國成立獨裁政權及支持反民主自由的武裝組織，伊拉克的侯賽因，甚至拉登，跟美國未「翻面」之前，都曾得到美國的軍事和經濟支持而壯大。所以，義務應該由沒有利益衝突的國際組織來承擔，那就是類似聯合國的組織，這個組織也必須擁有自己的軍隊，有足夠的力量維持和平。

　　還有，正義戰爭理論雖然是討論合理的戰爭規範，但不宜孤立地看，它背後必須有對於戰爭的哲學立場，最適合的就是上一節講的有限度和平主義。亦必須有一更廣泛國際認可的道德基礎，在這方面，洛爾斯的《萬民法》就是一個很好的嘗試，下一節我們會討論他的主張。

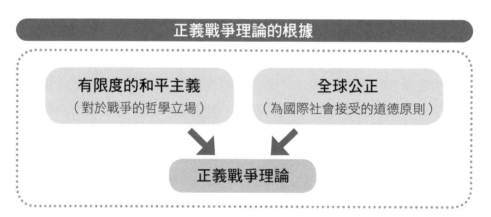

正義戰爭理論的根據

有限度的和平主義
（對於戰爭的哲學立場）

全球公正
（為國際社會接受的道德原則）

正義戰爭理論

❹ 公民的拒戰權利

　　和平主義者托爾斯泰呼籲所有人都應拒絕當兵，那麼戰爭就會停止。究竟人民有沒有拒絕參戰的權利呢？西方的傳統上，個人基於宗教或良心的理由，有可能豁免作戰，但不可以鼓吹拒戰或反戰，而托爾斯泰則是為了反戰而拒戰。在第一次和第二次世界大戰期間，即使是開明的民主國家如美國和

英國，也會嚴懲鼓吹拒戰或反戰的人，當年英國哲學家羅素只是支持反對徵兵就被判罪入獄。當然，如果承認人民有拒戰的權利，強行徵兵制就一定要廢除，戰爭動員也會受到影響，那就很有可能危及國家的安全。

如果戰爭是不義的話，人民就有很強的理由拒戰。例如越戰的時候，很多美國人都認為這是一場不義之戰，後來拒戰的人數實在太多，徵兵制也不得不在 1973 年停止。但如果戰爭是合乎正義，滿足了正義戰爭理論的所有條件，人民還有沒有拒戰的權利呢？

根據前面對正義戰爭理論的其中一個解釋，若戰爭合乎正義，其他國家或國際社會都有責任出戰。但國家有責任並不表示國家之內的人民也有責任，由國家有責任出戰推論出人民也有責任出戰，這是犯了思方學所講的分稱謬誤。有人會辯稱人民也要服從國家的法律，若法律有此規定，人民也需服從。但問題是，國家也有責任保護人民的生命，強迫人民上戰場，跟送他們去死其實沒有多大的分別。根據第二章所講的契約論，人民協議成立並服從國家就是為了換取國家的保護，即使是贊成極權統治的霍布斯也認為國家有此責任。所以，我認為正義戰爭理論跟公民擁有拒戰權利是相容的。

分稱謬誤

分稱謬誤是由整體具有這樣的性質，而推論出構成整體的部分也有這樣的性質。國家是一個整體，由人民組成，但國家有責任並不表示人民也有責任。

> 國家有義務出戰
>
> 國家是由人民組成

} 前提

- -

> 因此，人民也有義務出戰

} 結論

但若是自衛戰爭，人民是否仍可享有拒戰的權利呢？當然，職業軍人並沒有拒戰的權利，因為這是他們的責任。如果有很多人拒戰的話，國家可能滅亡，但國家滅亡不等於人民也會滅亡。就以當年史可法力抗清兵，死守揚州的事件為例，史可法的事跡固然是忠肝義膽，可歌可泣，但他明知戰敗也不降，最終換來揚州屠城十日，如果他肯接受多爾袞的勸降，很有可能拯救眾多揚州軍民的性命。當然，我們也可以說在這種威脅所有人民生命的侵略戰中，每個人都有抵抗的義務，出戰義務大於拒戰的權利。

3 永久和平

在倫理學上，康德（Immanuel Kant, 1724-1804）的義務論，跟功利主義所屬的後果論可謂勢不兩立；但康德和邊沁（功利主義的創始人）都不約而同地提出過永久和平的構想，而且具體主張也很接近。

康德晚年寫了《論永久和平》一書，提出了世界公民的概念及國際聯邦的構想，而聯合國的出現亦是源於此書的理念。康德顛覆了一般對公共領域和私人領域的區分，一般認為，國家事務應該屬於「公共領域」，但康德卻認為這是「私人領域」，應該從對國家的考慮中抽離，以個人的理性來思考，這才是「公共的」，康德稱這樣的人為「世界公民」。康德心目中的國際聯邦是一和平聯盟，有點像現在的歐盟，國家都願意交出部分的主權。不過，康德強調永久和平只是一個理想，不可能完全實現，只能夠儘量接近這個目標。

邊沁在其《世界永久和平計劃》一書中指出當時戰爭的根源是商業競爭，所以他極力批評殖民主義，也主張限制武器，在他的計劃中，也有國際議會、仲裁法庭及和平委員會等機構，用以解決國與國之間的紛爭。國際法則用來確保國家之間的和平。

康德和邊沁雖然有遠見，但人類始終是犯了錯誤，遭受重大的損失之後才懂得反省。經歷兩次世界大戰之後，各國才想到和平共存的可能性和重要性，成立了維持和平的國際性政治組織——聯合國。

❶ 洛爾斯的萬民法

洛爾斯在 1999 年出版了《萬民法》一書，指出世界和平有賴國際社會共同接受一套公正原則。但他並不主張將《正義論》的兩個公正原則應用於

國際社會，這兩個公正原則只適用於民主自由的社會，而國際社會之間則需要另一套公正原則，因為世界上還有非民主自由的社會，所謂萬民法就是指世界萬民都會接受的原則。

洛爾斯認為萬民從商議世界性公正原則的原初境況中，會選擇出八個公正原則。第一，世界萬民應尊重各自獨立和自由；第二，萬民應遵守條約和承諾；第三，萬民平等，在有約束力的條約前平等；第四，萬民有互不干預的義務；第五，萬民有自衛的權利，但除自衛之外，不能以其他理由發動戰爭；第六，萬民應維護基本的人權（如生命權、免於屠殺和勞役、良心自由等）；第七，萬民在戰爭時應遵守特定的規範；第八，萬民應扶助低度發展和負擔沉重的社會。在這八個原則中，第四至第七這四個原則跟正義戰爭的主題有關，我們在上一節已討論過洛爾斯的觀點。但第五和第六似有矛盾，因為第五個原則説除了自衛之外，沒有任何理由可以發動戰爭，但第六個原則又容許為了維護基本人權而對侵害人權的國家作出軍事干預。

洛爾斯的國際性公正原則

我認為洛爾斯的八個原則中，第一和第六有基本的重要性，因為其他原則都可以由它們推導出來，當然，這不是在邏輯上演繹推導的意思。

① 應尊重各自獨立和自由

⑥ 應維護基本的人權

② 應遵守條約和承諾

④ 有互不干預的義務

⑦ 在戰爭時應遵守特定的規範

⑧ 扶助低度發展和負擔沉重的社會

③ 在有約束力的條約前平等

⑤ 有自衛的權利

洛爾斯指出，這八個國際性的公正原則是由自由主義發展出來，並且對於自由主義所講的「容忍」作出了國際意義的詮釋，那就是民主自由社會的人民或政府，不應將其民主自由的價值觀強加於那些運作有序，並未對外侵略，也沒有侵犯基本人權的非民主社會。洛爾斯的主張跟一般自由主義者不同，因為一般自主由主義者會將民主和自由看成是普世的價值，並企圖以和平甚至軍事干預改變非民主自由的國家，進行政體改造，例如目前美國在伊拉克和阿富汗所推行的民主改造。洛爾斯認為只有基本人權才具有超越文化和地域的普遍意義，但他所講的基本人權並不包括政治權利和思想及表達的自由。

　　另外，若我們將平等看成是普世價值，亦不能忽視目前國際貿易所產生的巨大經濟不平等，但洛爾斯的國際性公正原則卻不會處理分配公正的問題。洛爾斯認為，一個國家的經濟狀況，主要跟其文化、政治和經濟制度有關，當地政府也要為其決策負上責任，將差異原則應用於全球是不妥當的。洛爾斯似乎無視於國際貿易所產生的經濟不平等問題。雖然洛爾斯的第八個原則跟經濟有關，就是扶助低度發展的國家，包括改善其政治和經濟制度，及提供經濟援助，但並不涉及分配的公正。

洛爾斯的國家分類

　　洛爾斯將國家分為五大類型，其中無法社會會對外侵略或嚴重違反基本人權，這是自由民主社會和合宜的非民主社會無法容忍的，而且兩者都會同意對低度發展社會提供協助。

| 1. 自由民主社會 |
| 2. 合宜的非民主社會 |
| 3. 仁慈的專制社會 |
| 4. 無法社會 |
| 5. 低度發展的社會 |

　　洛爾斯的說法遭到不少自由主義者的批評，他們認為民主、自由和人權（廣義）具有普世的價值，洛爾斯所講的容忍太過寬鬆。儘管如此，我認為洛爾斯的萬民法是一個很好的嘗試，就是定出國際倫理的底線，反侵略和反對嚴重違反基本人權，為正義戰爭提出道德的理據。若放寬正義戰爭的門檻，動輒以違反人權作出軍事干預未必是好事，因為很可能引發更多戰爭，危害世界和平。例如美國頻頻對中東事務所作的軍事干預，反而刺激了伊斯蘭原教旨主義的壯大。

❷ 聯合國

　　春秋戰國的時候，由於戰爭的慘烈，使人想到要消滅戰爭，就要先消滅其他國家，由一強權統治天下，在這個意義下，秦始皇滅六國，亦未嘗不是一件好事。當然，我並不贊成為了消滅戰爭，就可用武力統一全世界，一來時代不同，根本不可能成功；二來，即使目的重要，但也不可使手段（用武力）合理化。康德亦指出，一個世界性政府必定是獨裁的，因為人民已經無處可逃。

　　要達到或迫近永久和平的理想，需要的是一個超越國家層次，能夠維持世界和平的國際性政治組織。第一次世界大戰之後，為解決國際的紛爭，出現了國際聯盟，但因美國沒有參加，國際聯盟並沒有實質的力量。第二次世界大戰則促成更有實質力量的聯合國誕生，由國際聯盟到聯合國，是我們邁向永久和平的一小步。

　　不過，有很多人會將聯合國看成是一種妥協，那些強國如美國根本就可不理會聯合國的決議。但我相信，如果愈來愈多人從「世界公民」的角度思考，聯合國就會慢慢得到更多的肯定，最終各國都願意交出部分主權給聯合

國，因為畢竟我們需要一個能夠仲裁國際紛爭，及維持世界和平的機構。長遠來說，要維持和平，一定要增加聯合國的權力，不要旨意那些強大的國家，因為國與國之間一定講求利益，偶而也會發動正義戰爭，但必須同時符合國家的利益，美國的行為就是最好的證明。

根據聯合國憲章，只有兩種情況的軍事行動是合法的，一是受到侵略，二是得到聯合國授權恢復和平。但在什麼情況下才應授權恢復和平呢？根據洛爾斯的萬民法，那就是嚴重傷害基本人權，如種族清洗。所以，國家主權並不是神聖不可侵犯的。若侵略他國，或嚴重違反人權（無論是國內或國外），聯合國都可作出軍事干預。遺憾的是，聯合國並未對發生於盧旺達的種族清洗作出軍事干預，看來聯合國並不是那麼有效。

不錯，聯合國成立的目的是維持世界和平，捍衛人權；但要授權軍事行動就必須得到聯合國的安全理事會的決議通過，而安理會的組成並不是那麼民主和平等。安理會中有五個常任會員國，都是二次世界大戰的勝利國，美國，蘇聯、英國、法國及中國，她們都有否決權，美蘇兩大強國就經常運用否決權，以致聯合國不能有效發揮它的功能，常任會員國中只有一個是亞洲國家，其餘都是歐洲國家，亦有欠公平，所以有必要進行改革。澳洲哲學家辛格就認為要廢除否決權，代以多數決。

安全理事會的組成

會員國	數目	任期	產生方法
常任會員	5 個	永久	二次大戰之後的戰勝強國
非常任會員	10 個	2 年	經聯合國大會投票選舉產生

　　跟安理會相比，由 190 多個會員國所組成的聯合國大會似乎比較民主，但這裏亦有兩個問題，第一，這些國家代表不是由該國的人民選出，第二，不同國家的人口有很大的差別，如果不理會這個差別，印度和冰島都有相同的投票權，亦有欠公允。因此辛格建議聯合國應學習歐盟，國家代表由所屬國家的人民選出。下一步就可按人口比例而增加個別國家的投票權。也有比辛格更激進的建議，那就是仿傚歐盟，只有民主國家才有資格成為聯合國的會員；但這樣做就會將一些強國排除出聯合國，這對維持世界和平來講未必是一件好事，也可能會造成民主國家和非民主國家的對立。

辛格對聯合國的改革建議

部門	建議	理由
安理會	廢除否決權，代以多數決	公平
聯合國大會	國家代表由所屬國家的人民選出	民主
維和部隊	有足夠的經費和軍力	效率

　　還有，目前很多獨裁國家或腐敗政府都嚴重侵犯其國民的基本權利，更不惜使用武力，而售賣武器給他們的竟然包括英美等高舉人權的國家，雖然聯合國不一定能夠作出軍事干預，但至少要反對出售武器到這些國家。

❸ 審判戰犯

　　正如孟德斯鳩所講，國際法就是國家之間的法律，雖然目前國際法還未有真正的約束力。但二次大戰之後，人類歷史上首次對戰爭罪犯進行審判，這就是著名的紐倫堡大審判和東京大審判，前者的審判對象是納粹德國的戰犯，後者則是日本軍國主義的戰犯，所依據的就是國際法。此兩次審判有極其重要的意義，就是確立了三條戰爭罪行，破壞和平罪、違反人道罪、戰犯罪（即戰爭中罪行）。納粹黨發動侵略戰爭就是犯了破壞和平罪，屠殺六百萬猶太人則犯了違反人道罪。國際法的戰爭中罪行如虐待戰俘、殺害平民、強姦婦女，使用生化武器等，跟正義戰爭中的區別原則所限制的行為相若。

戰爭罪行

1. 破壞和平罪	發動侵略戰爭
2. 違反人道罪	謀殺、滅絕、奴役、驅逐和強迫遷徙平民，或因政治、種族或宗教進行迫害
3. 戰犯罪	謀殺、不當對待，驅逐和強迫遷徙平民和戰俘

這兩次審判都是由美國主導，明顯維護美國的利益，有欠公平，例如美國在日本投下原子彈也是違反正義戰爭的戰時規則，但並未被追究責任。東京大審判的公正性更備受質疑，例如只針對東條英機等軍事將領，免除了天皇的罪責，亦放過了支持戰爭的相關官員及財團，目的是換取戰後日本政府對美國的支持，也未有徹底追究日本在東亞的暴行，像慰安婦、化學武器，而用人體作細菌實驗的 731 部隊，亦由於資料和技術給予美國而沒有被追究責任。

雖然聯合國未能在每一次嚴重違反人權的事件上出兵阻止，但總可以事後作出制裁，例如盧旺達事件。審判戰犯除了伸張正義、追求責任、維持國際法的公平性和認受性之外，也具有阻嚇的作用。

國際刑法的發展

國際法庭並不是一個常設組織，而國際法院只處理國家之間的紛爭，並沒有起訴的權力，直到 2002 年國際刑事法院成立，這是國際刑法發展的里程碑，因為國際刑事法院是一個執行國際刑法的常規性組織，有起訴的權力。下一步就是建立全球刑法體系。

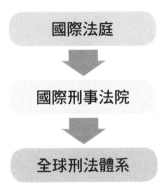

國際法庭

↓

國際刑事法院

↓

全球刑法體系

　　1948 年，聯合國大會通過了預防與懲治種族滅絕罪公約。現在反人道罪已經被國際社會所接受，1984 年，110 多個國家簽署了禁止刑求公約，就是肯定犯了反人道罪者必須負上刑責。其中最具代表性的是皮諾切特案，皮諾切特是前智利國家元首，他在位期間實施軍事獨裁統治，軍警對人民任意逮捕、非法拘留、嚴刑拷問、綁架，甚至謀殺，嚴重違反人權。當 1998 年他前往英國接受治療時，西班牙向英國提出引渡要求，將皮諾切特送到西班牙受審，所依據的就是禁止刑求公約（智利是簽署國），此案涉及兩個爭議性的問題，一個是「普遍管轄權」的問題，即是否任何國家都有權審判違反人道罪的人？另一個是「引渡和豁免權」的問題，作為前國家元首及終身參議員，皮諾切特是否擁有豁免權呢？英國上議院裁定皮諾切特敗訴，但由於皮諾切特的健康問題，最後也沒有遭到任何刑事審判。不過，此案已定下一個先例，任何嚴重違反人權事件，即使聯合國不介入，國際社會也可通過國際法追求責任，也不論犯罪者是何人，哪怕是一國的元首，也不能豁免刑責。

4 結語

　　古代社會由於經濟貧乏，有時為了生存，迫於以武力相鬥也是無可厚非；但現代社會科技進步，經濟繁榮，因經濟貧乏而又引發的戰爭應該可以消除。當然，現在地球上還有很多經濟落後，甚至饑荒的地方，即使不談人道的理由，為免生存問題引發戰爭，我們也應該盡力協助這些國家，下一章會討論這方面的問題。

　　目前我們正飽受核子戰爭的威脅，搞不好的話，將會是人類有史以來最大的災難。核子戰爭是沒有勝利者的戰爭，必定是同歸於盡。但有人認為正由於核武的殺傷力強大，反而可以牽制各國，誰也不敢妄動。不過，出現了911襲擊之後，核戰的風險亦增加了，有證據顯示恐怖分子會使用核武；恐怖分子為了復仇，可能會不惜一切同歸於盡。而且愈來愈多國家擁有核武，核子戰爭的機會也相應增加。

　　戰爭可以消除嗎？不同國家和種族的人真的可以和平共處嗎？前面提到，和平主義背後有兩大價值支撐着，一是博愛，二是平等；但要對所有人都施於同等的愛，對大部分人來說，似乎還是陳義過高；相對來說，平等待人的要求就較容易達到。除了平等，其他價值如民主、自由、人權和公正都有助於我們實現永久和平的理想。第三章提到，民主自由的社會有兩種重要的德性：說理和容忍，都是有利大家和平共處，而二次大戰之後，民主國家之間幾乎沒有任何戰爭。歐洲各國以前也經常有戰爭，現在能和平共處，並且成立歐盟，樹立了和平的榜樣。如果所有國家都像歐盟般重視人權，人類就可以和平共處。不過，人權是人類經歷了幾百年、甚至幾千年強權傷害的「產物」；要各國重視人權，和平共處，也可能要再經歷無數次的戰爭才能得以實現。

核戰危機

第三次世界大戰很可能是全面的核子戰爭，現在核子彈的威力，比當年投下日本的原子彈多出幾百倍，一但爆發核戰，不只人命傷亡無數，更嚴重破壞生態環境。

核爆

氮氧化合物會破壞臭氧層，增加了紫外線的照射

煙塵會遮蔽天空，阻擋陽光，令天氣變冷，出現所謂「核子冬天」

　　如果人生像是一本習題薄，要讓每一個人自己來解答，此之謂「成長」的話；那麼，歷史和政治的危機則需要我們共同合力解決，文明才能得以開展。以下就讓我們扼要地認知一下目前的危機。

　　在冷戰時代，民族和宗教的衝突被美蘇兩大強權壓制住，但隨着冷戰結束，很多區域性的衝突開始浮現。民族主義高漲的地方很容易引發獨立或種族清洗的悲劇。另外，核武和恐怖主義亦有全球擴散的跡象，還出現了真正以恐怖主義成立的國家──伊斯蘭國。除此之外，領土主權問題一直是各國的爭端所在，例如中國在南海就跟東南亞諸國有主權的爭執，日本亦分別跟中國、韓國和俄羅斯三國在島嶼上有領土的紛爭。如果領土加上民族和宗教的衝突就更難解決，例如印度和巴基斯坦在喀什米爾的對峙局面，以色列跟中東國家的軍事衝突。別忘了還有像北韓這樣的國家存在，不斷以核武威脅國際安全。如果衝突涉及的是強權大國，恐怕聯合國也無能為力。雖然民主、自由和人權漸漸被承認為普世價值，但我們也要慎防獨裁者的出現，並企圖征服世界。

　　還有，我相信，人類的另一個戰爭危機就是外星人入侵。或許有人會覺得這是天方夜譚，那不過表示他們意識不到科學進步的速度，及忽視外星人存在的證據敗。有證據顯示，外星人早就來了地球，而且有着不同種類的外星人，外星人來地球當然有目的，有的可能只是旅行遊玩，有的是為獲取資源，有的是來做研究，甚至拿人類來研究，不是有很多地球人被外星人虜走的報告嗎？當然，也可能有侵略地球野心的外星人，但為什麼他們還未動手呢？也許存在着所謂「宇宙聯盟規則」，外來者不得干預星球文明的發展，除非這個星球出現毀滅的危機，核子戰爭正會產生這樣的危機，讓外星人有機可乘。說不定我們經歷核子戰爭之後，就要面對外星人的侵略，早一點認

知實況，有助於地球人類的團結，共同預防外星人的入侵，及如何跟不同的
外星人和平相處，我相信這將是下一個世紀政治的主要工作，那時我們已經
不只是康德所講世界公民，而是宇宙公民的身份，人類會進行宇宙的探索和
開發，參與宇宙的工作，也可能要面對宇宙的戰爭。

人類可能面對的戰爭危機

我認為大戰的導火線有兩個源頭，自由民主思想與極權思想的衝突，
另一個是西方基督教國家和中東伊斯蘭國家之間的衝突。這不單是經濟利
益，也涉及基本的政治意識形態和宗教信仰。不過，根據定義，上帝只有
一個，為了上帝的不同名字而引起的衝突根本是毫無意義的。

不同政治意識形態	不同宗教信仰
衝突 ↓	衝突 ↓

第三次世界大戰

核戰令外星人介入

外星人侵略

第八章

全球
團結或滅亡？

視人之國若視其國

——墨子

　　科技拉近了人類的距離，先進的運輸工具，互聯網的普及使用，使人的交往和聯繫愈來愈緊密。事實上，世界已漸漸一體化，某個地方所發生的事，很可能會造成世界性的影響。雷曼事件就引發了全球金融海嘯；若大量砍伐亞馬遜雨林的樹木，亦必會令溫室效應惡化；非洲和中東國家內戰所產生的大批難民，也給其他國家造成龐大的壓力。

　　跟戰爭一樣，貧窮和污染也是全球性的問題，而且三者是息息相關的。大部分國家的軍事開支都很大，尤其是那些貧窮國家的獨裁政府，軍事開支遠遠超過教育和醫療，比如說，平均 200 人就有一個士兵，但 2000 人才有一個醫生，正是戰爭令這些國家變得貧窮。而貧窮的地方又容易爆發戰爭，持續的戰爭又會令這個地方更加貧窮。根據資料顯示，2010 年世界各處有 15 次嚴重的武裝衝突，大部分發生在非洲和亞洲的貧窮地方；而在最貧窮的 20 個國家中，有八成在 15 年內都處於戰爭狀態。貧窮的另一個原因就是被富裕國家經濟剝削，而掠奪資源又會造成環境污染的問題。戰爭、貧窮和污染仿佛就像三胞胎。上一章談到，要解除戰爭的威脅，必須有全球性組織負責維持和平和裁決的工作；要解決世界貧窮和環境污染的問題也一樣，亦需要有類似的全球性組織和全球性規範。

如何解決戰爭、貧窮和污染問題

要解決這些問題，除了世界性的組織之外，我們還需要建立全球性的公正原則。

世界性的組織

全球公正原則

戰爭、貧窮和污染問題

1 貧窮

　　根據聯合國 2012 年的統計，在全球 193 個國家之中，有 48 個被判定為最低度發展的國家，亦即是最貧窮的國家，大部分位於非洲。別以為這些國家的人民全都是貧窮，其實貧窮國家也有很富裕的人，貧窮國家也不乏豐富的天然資源，例如位於非洲中部的剛果民主共和國，就是全球鑽石產量最多的國家，但並沒有為人民帶來富裕，因為只有少數人可以從中得益。由於利之所在，非法買賣，搶劫，走私和貪污的情況十分嚴重。當然，政府管理不善是造成貧窮的主因。

　　而根據世界銀行 2000/2001 年度的世界發展報告，在當時全球六十億人口當中，有五分之一處於國際貧窮線之下，在這十二億人中，約有八億是文盲、營養不良，及欠缺基本衛生設施，此所謂絕對貧窮。在這些貧窮國家內，每天就約有三萬名兒童因飢餓、營養不良和相關的疾病而死亡。究竟富裕國家的人民，有沒有義務援助這些貧窮國家呢？

人類發展指數

　　人類發展指數是用來測量一個國家的發展程度，數值由 0 至 1，主要根據三項標準來決定：經濟生產水平、預期壽命及教育程度。

數值	國家狀況	例子
0.5 以下	低度發展	一半以上的非洲國家
0.5 至 0.8	中度發展	中國、中東國家
0.8 以上	高度發展	美國、日本，大部分歐洲國家

❶ 反對援助

反對援助貧窮國家主要有兩種理論，一種是新馬爾薩斯主義，代表人物乃人類生物學家哈定（Garrett James Hardin, 1915-2003）；另一種是極端自由主義，以諾錫克為代表。

哈定用了三個比喻來說明為什麼我們不應該提供援助，這三個比喻分別是「救生艇」、「共地悲劇」及「棘輪效應」。哈定指出，目前世界上的富裕國家就好像在茫茫大海中飄浮的救生艇，而貧窮國家的人民就有如一個個快將溺斃的人，但救生艇容量有限，不可能拯救所有或大部分人，超載會令救生艇有沉沒的可能。

天然資源是大家所共有，每個人都可能會貪心而多取一些，當人口愈來愈多，但又沒有妥善管理的話，資源就會耗盡，對所有人都不利，這就是共地悲劇。如果一個國家不好好管理她的共有地，任由過度放牧、伐木和捕魚，又不控制人口，又或者為了短期經濟利益令環境受到污染；那麼，這個國家就要承擔其後果，我們沒有義務幫忙。

哈定認為，大自然有它的方法來維持生態平衡，若一個地方的人口超過她的負荷量，就會出現饑荒、疾病或戰爭，使人口下降，回復土地可承擔的人口數量。若給予食物，救助這些國家，就是干預了自然的平衡。愈援助，人口就愈多，造成惡性循環，問題只會愈來愈嚴重，這就是棘輪效應。

哈定還指出，我們有義務優先照顧自己的子女和後代，若將資源援助貧窮國家的人民是不道德的。

反對援助貧窮國家的三個比喻

比喻	反對援助的理由
救生艇	富裕國家能力有限
共地悲劇	貧窮國家要為管理不善負責
棘輪效應	援助只會令問題愈來愈嚴重

　　我認為哈定的三個比喻都有問題，第一個和第二個都假定了富裕國家跟貧窮國家毫無關係，但實情真是這樣嗎？貧窮國家之所以貧窮，固然有管理不善的因素，但跟富裕國家也不是毫無關係。就以非洲為例，在地圖上可以發現很多呈直線的國界，這是因為殖民時代，歐洲各國乾脆以經緯線劃分勢力有關，這樣不同種族就會歸到同一個國家之內，或者同一個種族會分散到不同的國家，由於歐洲國家撤離殖民地時沒有妥善安排，結果導致後來非洲諸國的種族衝突，甚至內戰。殖民主義和國際貿易也是造成國際貧富不平等的原因，富裕國家利用貧窮國家的平價原料和廉價勞工製成產品出售，這裏就有剝削的問題。富裕國家補貼國內農民，降低農產品的售價，使貧窮國家的農產品在國際上無法與其競爭。關稅方面，富裕國家降低關稅較貧窮國家低，顯示出富裕國家的保護主義。當貧窮國家無法跟富裕國家在市場上競爭時，就被迫種植單一的作物如咖啡豆，不再生產穀物，間接導致糧食不足，出現饑荒。有時西方的富裕國家更援助對她們有利的獨裁政權，例如美國就支持智利的軍人政權，用武力推翻民主政府，並長期鎮壓異見人士。而這些獨裁政權只會獨霸國內的天然資源，根本不會進行社會改革，而龐大的軍事經費令國家變得更貧窮。

哈定説援助貧窮國家只會令問題愈來愈嚴重，亦只是片面之詞，援助不單是提供食物，也包括提供農業技術，及協助控制人口，這樣就可以防止棘輪效應的出現。至於哈定説我們有義務優先照顧自己的子女和後代，在一定程度上是合理的，也符合人性。但並不表示我們為了自己家人的利益就可以完全不理會他人的死活，況且，今天你幫助他人，日後他人也會幫助你，正如墨子所説：「兼相愛，交互利」。別看輕今天貧窮的非洲國家，從另一個角度看，她們是充滿活力的年輕國家，説不定會是地球未來的希望。

至於諾錫克的觀點，我們在第五章已討論過，現在只簡單介紹一下。諾錫克關心的只是自然權利有沒有受到傷害，自然權利包括生命、自由和財產，但沒有要求他人幫助的權利；換言之，貧窮國家也沒有權利要求富裕國家提供援助。如果富裕國家跟貧窮國家簽定貿易協議時沒有欺騙成分或用武力脅迫，那麼即使貧窮國家因種植咖啡豆而變得糧食不足，導致饑荒，也是與人無關。然而，貧窮國家之所以貧窮，很可能跟以前殖民主義和帝國主義的不公正佔取有關，根據諾錫克的矯正原則，西方的富裕國家應該作出補償。當

然，如果貧窮不是富裕國家的侵佔所致，貧窮國家就沒有權利要求富裕國家援助。但這並不表示富裕國家就沒有義務幫助貧窮國家，只不過這個「義務」不是由「權利」推論出來，而是富裕國家本身就有的義務。

推愛與兼愛

二千多年前，儒墨兩家有所謂「推愛與兼愛」之辯，即使到了今天，此爭辯仍有其普遍意義。從實踐的可行性上看，儒家較為合理，愛自己的親人多一些，不就是更合乎人之常情嗎？但從理想上講，愛應該是無私的，愛自己的親人多過別人，愛自己的國家多過別人的國家，難道不是還有點私心存在嗎？

儒家的推愛	由最親的人推出去，不同的人給予不同的愛
墨家的兼愛	要求對所有人施予同等的愛

❷ 贊成援助

據說富裕國家所浪費的食物，就足夠養活貧窮國家的人民。面對貧窮國家的飢餓人民，富裕國家的人民又怎可以袖手旁觀呢？但問題是，要援助幾多才足夠？以下我們會介紹較為激進的功利主義立場，以辛格（Peter Singer, 1946- ）為代表；還有比辛格更激進的極端平等主義立場，以華生（Richard Watson, 1931- ）為代表。

辛格在〈饑荒、富裕及道德〉一文提出兩個原則，要求我們改變自己的生活方式來幫助貧窮國家的人民。第一個是強的原則：「如果我們有能力避

免一些不幸的事情發生，並且不會使自己有重要的犧牲，那我們就應該這樣做」，事實上，對富裕國家的人民來說，每月捐出一百元並不是一回事，但這一百元對貧窮國家的人民來說，就能產生很大的效益。可是，若我們真的貫徹這個原則，就需要不斷犧牲自己的利益來減輕他人的痛苦，可能要直到跟對方的處境差不多為止。

邊際效益遞減

邊際效益遞減本是一個經濟學概念，大意是開始的時候，收益很高，但愈到後來，收益就愈少。我們可以將它引申作效益的計算，當一個人的基本需要滿足之後，愈多財物，所產生的效益就會愈少；但若將這些財物給予絕對貧窮的人，所產生的效益就會很大。

　　第二個是弱的原則：「我們應該避免一些不幸的事情發生，只要它不會讓我們犧牲任何具有道德意義的東西」，比如說，當你看見一個即將在池塘溺斃的小孩，只要你跳進去就可以拯救他，那不過是弄髒了你的衣服，並沒有犧牲任何具道德意義的東西。對一般人來說，辛格的第一個原則要求太高，至於第二個原則，則比較容易接受，但此原則可容許很大的行動差異，因為「道德意義」對不同人來講，可能意味着很不同的東西。比方說，有人認為對自己家人或同胞的義務，比起非洲貧窮國家的陌生人就重要得多。

　　華生的平等主義比辛格的第一個原則更激進，他主張將食物平均分配，即使這樣做可能人人都因為食物不足而死亡，但他認為這是我們的道德責任，義務比生命更重要，這種「捨生取義」的精神比儒家有過之而無不及，可是，能夠實踐這種精神的人可以說是萬中無一。我認為，像華生的平均分配原則和辛格的強原則都是不切實際。至於說我們有責任先照顧自己國家的窮人，似乎很合理，但富裕國家的窮人跟貧窮國家的窮人其實有着很大的分別，貧窮國家的窮人很多是處於飢餓狀態，臨近死亡的邊緣，但在富裕國家的流浪漢反而有營養過剩的健康問題。

支持援助的三個原則

華生的極端平等主義原則　　辛格的強原則　　辛格的弱原則

援助增加

回到原初「究竟要援助多少才足夠？」這個問題，其實這個問題可以有兩個意思，第一個是決定於我們所要達到的具體目標，也涉及一個複雜的計算問題。若根據聯合國在 2000 年設定的滅貧目標——在 2015 年前將貧窮和飢餓減半，有人估計，除了現在的援助之外，還需要富裕國家的人民（約六億人），每人每年捐出一百美元，這似乎並不是一個過分的要求。

這個問題的另一個意思就是，富裕國家的人民究竟要捐助多少才算符合本身的義務呢？這似乎沒有客觀的答案，它決定於每個人的倫理觀，及每個人的具體情況。例如有人認為，滿足了基本需要之外，多餘的都應該捐出；但對於大部分人來說，這恐怕亦是一個過分的要求。正如前面所講，富裕社會也有窮人，也有很多需要援助的人，我們對他們也有義務。不過，至少可以定下一個最低標準，就以聯合國的標準——國民生產總值的 0.7%。目前我們對貧窮國家的援助平均是 0.21%，遠低於聯合國所定的標準。

❸ 洛爾斯的公正原則

前面提到，富裕國家的人民有義務援助貧窮國家的人民，這種義務是從何而來呢？是來自對人的關懷，還是來自公正的要求呢？對我來說，公正不過是愛的其中一種表達方式，所以，無論是基於愛，或是公正，我們都有義務援助貧窮國家的人民。問題反而是，我們可否有一致公認的全球性公正原則呢？

我們在第五章討論公正的問題時介紹過洛爾斯的公正原則，其中一個是差異原則，差異原則容許經濟不平等出現，只要它能夠對社會上處境最差的人有利；換句話說，差異原則具有財富再分配的功能。它不一定能減少貧富的差距，但至少可以改善貧窮的狀況，減少經濟不平等帶來的問題。很多人

期望差異原則能應用在國際關係上，在全球層次進行財富再分配，從制度上將富裕國家的部分稅收用來援助貧窮國家。但令人失望的是，洛爾斯在《萬民法》中所提出的國際性公正原則卻是另一回事，他明確反對將差異原則應用於全球層次，差異原則只適用於民主自由的社會。

上一章我們已經介紹過洛爾斯所講的八個國際性公正原則，大部分跟維持世界和平及正當使用武力有關，只有第八個原則是用來處理貧窮問題。根據這個原則，自由民主及良序的社會應該援助低度發展的國家，但援助的重點在於改善其制度，使之成為良序的社會，而不是針對營養不良或因貧窮而引致的疾病作出援助，除非是出現饑荒或嚴重違反人權的事件，國際社會才應出手幫助。

為什麼洛爾斯反對進行全球性的財富再分配呢？這是因為在選擇國際性公正原則的原初境況中，沒有人會認為他國人民的利益會比自己國家人民的利益更重要。洛爾斯也舉了一個例子來說明，假設兩個國家最初處於相同的經濟水平，也擁有相同的人口，但一個國家決定進行工業化，發展經濟；另一個國家則選擇維持一個悠閒式的農業社會，幾十年之後，兩個國家的富裕程度出現很大的差距，洛爾斯認為工業化的國家沒有義務以稅收的方式來援助農業國家，因為農業國家要為她的選擇負上責任。洛爾斯的說法引來很多批評，首先，處於原初境況的人是不知道他究竟是屬於富裕國家或貧窮國家，那為什麼一定不會選擇分配的公正原則呢？另外，洛爾斯所舉的例子也有兩個問題，第一，這個例子也可以用來反對民主自由社會內的財富再分配，一個努力工作的人為什麼有義務照顧一個過着悠閒生活的人呢？第二，這個例子並不恰當反映世界狀況，那些需要援助的貧窮國家人民不是過着一種悠閒式的田園生活，而是處於極度貧困之中，隨時會因飢餓、營養不良或相關的疾病而死亡。

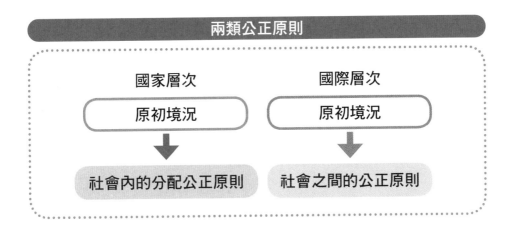

❹ 國際貿易

　　有人認為，要改善貧窮國家的狀況，單靠援助是不夠的，正所謂「長貧難顧」，應該開放全球市場，通過國際貿易來增進經濟效益，產生更多的財物，使貧窮國家的人民受惠。但問題是，全球經濟增長不一定有利於貧窮國家的人民，正如香港的經濟增長亦不一定令貧苦大眾受益，這又必須回到公正分配的問題。

　　當然，國際貿易某程度上是有利於發展中國家，例如可以創造就業的機會，發展經濟。但國際貿易同時亦會對貧窮國家人民帶來不利的一面，就讓我們以世貿組織為例，看看它在推行全球自由貿易的同時，如何損害貧窮國家人民的利益。主導世貿組織的思想是所謂「新自由主義」，其實也不是什麼新的思想，不過是強調自由市場能帶來經濟繁榮，跟海耶克所講的差不多。比如說，貧窮國家的勞動成本低，能比富裕國家生產更平宜的產品，於是對貧窮國家的勞動力需求就會增加，工資亦會上升，人民的生活得以改善。但這不過是事實的一面，世貿組織旨在移除自由貿易的障礙，貧窮國家跟富裕

國家競爭或合作時，往往處於劣勢，於是國際貿易只會加深全球經濟不平等，令富國愈富，貧國愈貧。當然，影響經濟的因素有很多，這不過是其中之一。但我們有理由相信，如果缺乏分配公正的機制，國家之間的貧富差距會愈來愈嚴重，正如在一個奉行自由經濟的社會，若沒有任何財富重新分配的制度，貧富差距亦會愈來愈大。

另外，世貿組織並不是一個民主組織，雖然大部分成員國都是發展中的國家，但主導議程的都是已發展的富裕國家如美國和日本，即使貧窮國家也有發言權，她們的聲音卻往往被富裕國家忽略。辛格指出，那些貧窮國家也缺乏參與這些會議的資源，她們根本負擔不起在日內瓦（世貿的總部所在地）設置辦公室。

世貿組織也常被指責將經濟利益凌駕於環境保護、動物利益和保護人權之上。根據聯合國兒童基金會的統計，目前全球有四分之一的兒童是勞工，單是海地，就有 7 萬個兒童過着悲慘的勞工生活，但如果我們想阻止這種情況，禁止由童工製造的產品入口的話，則會違反世貿的協議。由此可見，我們有需要訂立全球性的勞工標準。

世貿只會執行一整套與自由貿易相關的規則和協議，並沒有充分考慮保護環境及推動民主和人權的重要性。例如根據世貿的規定，一國可以禁止損害人體健康或污染環境的產品入口，但若造成傷害或污染是生產過程的話，則不可以。世貿對於產品和生產過程的區分，無疑是助長貧窮國家的污染問題，因為貧窮國家為了減低成本，增強競爭力，就可能不理會生產過程中所造成的污染問題。

還有，國際自由貿易亦會助長貧窮國家的獨裁政權，人民的生活根本不

會得到改善。例如尼日利亞就擁有石油和天然氣資源，但正是巨大天然資源的利誘下，野心家會用武力奪權，建立獨裁的軍事政權，透過國際貿易，販賣天然資源來獲利，那就有足夠軍事經費來維持其獨裁政權。若我們考慮政權的正當性，就應該拒絕承認獨裁政府有權售賣國家的資源，或作出貿易的限制。

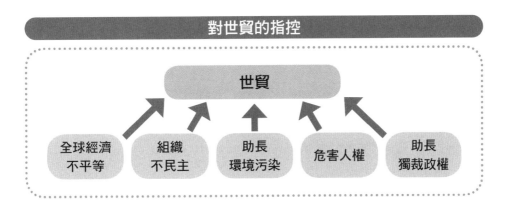

對世貿的指控

世貿

全球經濟不平等　組織不民主　助長環境污染　危害人權　助長獨裁政權

2 污染

　　人類要生存，必需使用自然的資源。由於人口膨脹，令我們的需求不斷增加；但自然資源卻是有限，加上愈來愈多國家要工業化，產生很多環境污染的問題。就以最近香港的垃圾問題為例，現有的垃圾堆填區已接近飽和，而政府又找不到合適的地方做新的堆填區，因為誰都不願意堆填區建在自己居住的地方附近。即使找到新的堆填區，但如果我們的生活習慣不改變，照舊製造大量廢物的話，新的堆填區很快又會飽和。焚化爐的選址又有同樣的問題，而且也會帶來空氣污染的問題。

　　環境污染是全球性的問題，也需要全球性合作才可以解決。雖然有人會讚美戰爭，但相信沒有人會反對保護環境，保護環境差不多是全人類的共識，但保護環境之間的理據可能有着潛在的衝突。

❶ 為什麼要保護環境？

　　保護環境主要有四個理由，第一個是為了人類自身的利益。如果我們繼續破壞環境的話，受害的最終會是人類本身。比方說，我們為什麼要保護熱帶雨林呢？因為熱帶雨林中有很多稀有的樹木物種，從中可提煉出醫治疾病的藥物，對人類有益。但更加重要的原因是，如果讓熱帶雨林減少的話，全球暖化的問題會進一步惡化（因為熱帶雨林會吸收二氧化碳，釋放出氧氣）。

　　現在我們所看到環境破壞的惡果只是剛剛開始，真正受影響的將會是我們的後代。由於自然資源有限，這涉及分配公正的問題，所以我們有保衛自然資源的責任，污染和浪費資源是對我們的後代不公平。

　　第二個的理由是要保護有知覺生物的利益。有知覺的生物是指那些能感受痛苦和快樂的生物，包括人類和大部分的動物。既然傷害人類，令人痛苦

是不道德；那麼，傷害動物，令動物痛苦也是不道德。自然環境有繁衍物種的功能，破壞環境就會危害動物的生存。

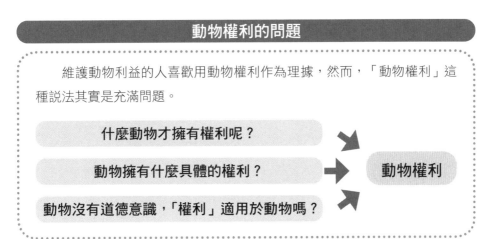

動物權利的問題

維護動物利益的人喜歡用動物權利作為理據，然而，「動物權利」這種說法其實是充滿問題。

什麼動物才擁有權利呢？

動物擁有什麼具體的權利？

動物沒有道德意識，「權利」適用於動物嗎？

➜ 動物權利

第三個理由是尊重生命，不能任意傷害，除了動物之外，也包括植物。

第四個理由是自然環境本身就有內在價值，能夠獨立於繁衍物種這種工具價值。有人甚至認為地球是有生命，有意識的。地球本身有內在價值，所以我們不可以隨意破壞環境，由於人類的智慧和能力，我們還有維持生態平衡及物種多元性的義務。

這四個理由所關懷的對象是逐步擴大，第一個理由所關懷的只是人類；第二個理由所關懷的對象不只是人類，也包括部分的動物；第三個理由又擴大到所有生物；而第四個理由關懷的不單是生物，也包括非生物，甚至整個地球。表面上看，這四個理由具有包含的關係，第四個包含第三個，第三個包含第二個，第二個又包含第一個。然而，它們之間其實有着潛在的衝突。

　　第一個理由就跟第二和第三有衝突，人類要生存，也需要食用其他生物。我認為不同物種具有不同的價值，一般來説，可用意識和知覺的程度來判斷。在已知的生物中，只有人類具有高度的自我意識，及複雜的感受能力。即使我們對其他生物有義務，也因應生物的意識和知覺之高低而有差別。虐待動物就一定是不道德，即使飼養食用的動物，也要合乎某些條件，例如空間不可太擠迫，屠宰時要用人道的方法，盡量減低牠們的痛苦。

　　第一個理由跟第四個理由也有潛在的衝突，因為現在對地球造成最大傷害的就是人類，有環保人士就認為致命的傳染病、饑荒和戰爭都是好事，因為可以大量降低人口。有人認為第一個理由背後的哲學立場是人類中心主義，而第四個理由則是以自然為中心，以自然為中心的論點認為，人類中心主義只顧及人類的利益，最終都會摧毀自然生態。也許從外星人的角度看，人類正在摧毀地球，所以為拯救地球而消滅人類也不為過。

以人類為中心 VS 以自然為中心

	最重要的價值	目標
以人類為中心	人類	保護自然資源和減少污染
以自然為中心	地球生態	維持生態平衡及物種的多樣性

　　而第四個理由亦跟第二個理由有衝突，第四個理由是一種整體主義，它關心的是物種，並不是個別的生物，有時為了維持所謂生態平衡，有必要透過捕殺的方式去控制某個物種的數量；但從動物利益的角度看，考慮的對象卻是個別動物，所以會反對這種控制動物數量的捕殺行動。

物種主義

辛格認為我們要對動物給予平等的關注，因為動物也像人一樣會感受快樂和痛苦，他提出「物種主義」的說法，並將它跟種族主義相提並論，批評它違反了平等原則。

物種主義 人類將自己的利益凌駕於其他物種之上

違反

平等原則

❷ 全球暖化

在眾多環境污染問題中，應以全球暖化最為嚴重和最有迫切性，因為它會導致很多問題，危害人類的生存。全球暖化會令冰川融化，使氣溫進一步上升，造成惡性循環；因為冰川可反射陽光，有調節氣溫的作用。而冰川融化亦會令水位上升，淹沒沿岸及低窪地方；依靠冰川為食水的居民又會面臨缺水的問題。海水溫度升高會令風暴加強，因為風暴經過海洋時會吸取更多的能量，多年前吹襲美國的超級颶風卡特里娜就是一個很好的例子。另外，氣溫升高，熱帶傳染病會更加流行。更嚴重的是，一旦北極冰帽融化的話，大量淡水將注入海洋，影響了調節全球氣候的水流，最終導致冰河時期的來臨。

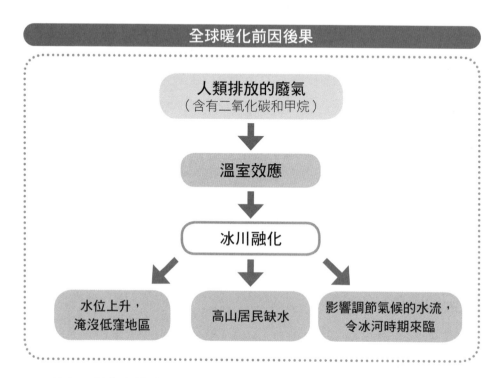

這絕不是危言聳聽，因為地球一萬多年前就出現過類似的冰河時期，當時北美洲的冰川融化，形成了一個很大的淡水湖，但後來冰壩破裂，大量淡水湧入大西洋，將調節氣候洋流的鹹水稀釋了，這就等於關掉了調節氣候的機制，令歐洲進入了近 800 年的冰河時期。由此可見，全球暖化的後果可以是災難性的。

容許全球暖化繼續下去是極之不道德的，為什麼呢？因為全球暖化是人為造成的，主要是我們排放大量二氧化碳所致，如果這樣繼續下去，我們的後代將會承受以上的惡果。

但問題是，誰來負責呢？當然是所有的人，因為自然資源是共有的，但所謂所有人的責任，也往往是沒有人要負責任。前面已解釋過什麼是公地悲劇，當資源是公共的話，大家為了自己的利益和方便，都會用多一點，使用過度的話，就會破壞環境，造成污染。

❸ 責任與公正

當資源是公有的話，要求人類自律似乎是不切實際，尤其是那些既得利益者，唯一的方法就是實施管制。正如為了解決香港的垃圾問題，目前政府正計劃推行垃圾徵費，根據污者自付的原則，誰製造最多垃圾，誰就應該付最多的費用。同樣道理，大氣層也是人類的共有資源，誰排放得最多二氧化碳，就應負最大的責任，以平均人口來說，美國人排放得最多二氧化碳，理應付上最大的責任，但美國不但不肯簽署限制廢氣排放的京都協議書，小布殊在 2000 年競選總統時，更明確表示不會讓美國承擔清理世界空氣的責任。很明顯，這是維護美國人已有生活方式，是一種過度消費和享樂的生活方式。早前日本因地震引發海嘯而出現核幅射，有幅射的水已流入海洋，污染了其他國家的海產，可能會產生索償的問題。地球愈來愈一體化，環境污染也是一樣，沒有一個國家能獨善其身。

「污者自付」是一個歷史性原則，過往你污染了環境，現在就有責任作出清理。這個原則具追溯性，那些已發展國家就得負上更大的責任。不過，有人認為追溯過往的責任是不公平的，因為當時根本沒有人知道廢氣排放會導致全球暖化的問題，所以應該從現在計起才算公平。美國拒絕簽署京都協議書的另一個原因是這協議對發展中國家並沒有約束力，既然有些國家不用遵守，那就是不平等。但是，不同的對待未必就是不平等，因為對於發展中

國家來説，限制廢氣排放會影響她們的經濟發展，所以應該待她們成為發展國家後才加以約束。

　　既然天然資源是共有的話，有人認為應該採用一個更公平的方法分享資源，例如將差異原則應用到全球層次，只有改善貧窮國家人民的生活，才容許從開發自然資源而得益。另外，有些國家擁有很大的面積，天然資源也相對多，但人口卻很少，從每人所享用的資源來計，也可以説是「不公平」，正如有人天生就是億萬富翁的兒女。所以有人建議應繳交資源税，再由全球性組織重新分配，用來幫助貧窮國家的人民。

❹ 發展 VS 環保

　　目前的環境問題只會日漸惡化。1960 年全球人口有三十億，1999 年就有六十億，短短 40 年已經培增，現在全球人口正邁向七十億。已發展的國家對自然環境已造成一定的傷害，那些正在發展的國家和尚未發展的國家，又會對將來的環境造成更大的傷害。但現在我們就好像坐上了一部高速的經濟列車，不可能一下子停下來，否則會傷亡慘重，我們的經濟比自然環境更脆弱；但繼續下去又會加劇對自然環境的破壞，比較實際的做法就是計算出自然可以承受的傷害，從成本和效益之間取得平衡。不過，無論如何，可以預見的是，臭氧層的洞會不斷增大，北極的冰川亦會繼續溶化，物種的數目也會逐年減少，我們目前能夠做的只是減慢這些過程。

　　很多國家正面對發展和環保之間的衝突，例如最近香港就機場興建第三條跑道引發環保和發展的爭議，早前亦有政府官員建議發展郊野公園的土地，解決房屋短缺的問題。對於一些貧窮國家來說，發展和環保的衝突往往會陷於一種兩難的狀況，不發展就會永遠處於經濟落後，但發展就一定會嚴重影

響自然生態，而這些自然生態對穩定全球的氣候是十分重要的。舉個例，厄瓜多爾的亞馬遜雨林含有多樣性的生物及寶貴的石油，若厄瓜多爾政府開採這些資源，就一定可以改善經濟和民生，甚至在國際上的政治地位；但砍伐雨林的結果當然就是二氧化碳大量增加，令全球暖化的問題更加嚴重。然而，厄瓜多爾有責任守住這片雨林嗎？其他國家為了發展經濟而砍伐國內的樹木，若現在將保護雨林的責任託付在厄瓜多爾身上，要求她作出犧牲，似乎也不太公平。

3 世界共和國

　　馬克思的理想是要揚棄國家，因為國家的本質是壓制性，它跟人的自由本質剛好相反。無獨有偶，最極端自由主義也是主張無政府主義。康德認為，跟個人相比，國家的道德水準極低，欺瞞、說謊、詐騙，總之壞事做盡。雖然他也討論過揚棄國家的可能性，但最終並不主張消除國家，他建議各國組成和平聯盟。

　　目前我們已經有了聯合國及其他國際性的組織，最好就是推廣現在的模式（當然，聯合國必須作出相應的改革），建立世界共和國，有一套全球性的倫理作為國際法的基礎，其中最重要的就是人權的落實。建立世界共和國並不是要消滅個別國家，但國家主權就必須受到國際法的限制，而在建立世界共和國的過程中，人權和主權必然會出現衝突，因為目前還有很多非民主自由的國家。

❶ 國家是什麼？

　　第一章的主題是「國家」，但我們並沒有討論國家的定義及國家的種類，只談了柏拉圖、亞里士多德和儒家對理想國家及國家功能的看法，現在略作補充。我們可以將國家看成是政治共同體，它有三個主要特徵：擁有領土、有人民居住、政治機構得到國際的承認。第三點正顯示出國家的對外性質。

　　國家的面積可以很小，目前最小面積的國家是梵蒂岡，雖然梵蒂岡沒有自己的軍隊，但它是受到意大利的保護。國家成立的目的就是為了保障人民的利益，最基本的利益就是生命，正如霍布斯所說，我們放棄自然權利，服從國家，就是要換取安全的保障。

國家的定義

國家 ＝ **擁有領土** ＋ **有人民居住** ＋ **政治機構得到國際的承認**

根據這個定義，國家必須預設其他國家存在。

　　不是很嚴格的話，我們可根據國家的規模，大致分為三類：城邦，帝國和民族國家。古代的雅典就是城邦，以一城為國的中心。在這個意義下，中國西周時的諸國也可稱為城邦或邦國，不過後來有些國家擴大了規模，多了很多城市，而主要的城市就是首都。城邦的主要威脅是帝國，而帝國本身是具擴張性，例如波斯帝國、羅馬帝國和大秦帝國等，當然，帝國也可以由城邦演變而成。對於城邦來說，帝國規模龐大，軍事上根本不可能與之對抗，除非同一民族的城邦聯合在一起，組成民族國家。而事實上，19 世紀帝國主義橫行，也促成民族國家的誕生，而現代社會的政治單位正是民族國家。相對來說，民族國家比城邦或帝國鞏固，民族國家比城邦更有力量對抗帝國的入侵，而帝國幅員廣大，管理不易，很難維持，特別是帝國包含着不同的民族，民族獨立就很容易令帝國解體。當然，帝國也可以由一主要民族組成。

城邦、民族國家和帝國

	規模	形成
城邦	最小	由部落演變而成
民族國家	中間	由一主要民族組成
帝國	最大	經不斷擴張而成

　　有人認為民族國家不過是一種想像，想像大家有着同一個祖先，想像自己是某種特定道德和文化的種族群，使我們對於自己族人也有着特定的義務。雖然「民族」有建構的一面，但並不表示民族意識完全是虛幻的，同一民族若有着共同的語言、歷史和文化，就容易產生認同和凝聚力，也有很大的動員力，德國和意大利就是靠民族主義來建國。跟自己愈親密的人，我們對他的義務也愈大，這是合乎人性；優先照顧自己國家人民的利益，一般來說，也是合理。但民族主義本質上有排他性，若演變成種族主義，就會產生很多人為的慘劇，數以百萬計的猶太人遭屠殺就是一個很好的教訓，但想不到類似的慘劇在 20 世紀末還要發生多次，計有盧旺達、波斯尼亞、科索沃和東帝汶的種族屠殺。看來民族主義跟種族主義只是半步之遙。

二十世紀的種族清洗事件

時間	事件	死亡人數
1915 至 1917	土耳奇鄂圖曼帝國屠殺亞美尼亞人	159 萬
1933 至 1945	德國納粹黨屠殺猶太人	600 萬
1992 至 1995	卡拉季奇領導塞爾維亞人屠殺波斯尼亞人	30 萬
1994	盧旺達胡圖族人屠殺圖西族人	80 萬
1996 至 1999	科索沃塞爾維亞人屠殺阿爾巴尼亞人	數以萬計
1997 至 1999	印尼軍隊及民兵屠殺東帝汶人	約 20 萬

　　一般來說，國家有責任先照顧國民的利益，自己國民的生命比較重要，例如當某地方發生災難或戰爭，國家都會派出專機接載自己的人民離開，這完全合理；但並不表任何情況下我們都應將自己國家人民的利益置於首位。例如北約因南斯拉夫進行種族清洗而作出軍事干預，道理上是正確的，但為了避免自己軍隊的傷亡，沒有派出地面部隊，只進行轟炸，結果導致約五百名平民的傷亡，雖然跟阿爾巴尼亞人以萬計不算大量，但從人權和平等的角度看，這也是不可以接受的。美國反對國際刑事法院的成立，跟不簽署有178 個國家同意的京都協議書一樣，都是將美國人民的利益凌駕於其他國家人民之上。我認為，若涉及全球公正的事務，這種做法是完全錯誤的。

❷ 人權 VS 主權

第二章我們提到主權的概念源於 16 世紀的法國人布丹，而主權得到歐洲國家的承認則是 1648 年的西伐里亞條約，主權的意思就是國家之外沒有任何更高的權威，其實這是針對教皇來說，主權之說可以令歐洲諸國擺脫教會的控制，至少不用納稅。主權理論也確立了國家之間的關係，各自獨立，互相尊重，並且成為了國際慣例。第二章也提到人權之說源於 17 世紀英國哲學家洛克，經法國大革命的人權宣言和美國獨立宣言，再到聯合國的世界人權宣言，最終在 1966 年出現了有約束力的國際人權公約，公約為兩張，一張是「公民及政治權利公約」，另一張是「經濟、社會及文化權利公約」。在目前國際法體系中，還是以「主權」為主導，在現有的國家主權觀念下，不能強迫某國達成某種目標。但在國際上，「人權」亦愈來愈受重視，看來人權和主權的衝突是在所難免，並且會愈來愈多。

其實在全球經濟一體化之下，國家主權已經受到或多或少的限制。就以世貿為例，加入世貿當然是為了國家利益，但一旦加入，就要遵守世貿的規則，服從世貿的裁決。當然，若認為主權完全是神聖不可侵犯，也可選擇不加入或退出。然而，若某國政府做出嚴重傷害人權的事，如種族清洗，國際社會是難以容忍的，很可能作出軍事干預，國家主權就不再是神聖不可侵犯，國家內政也不是絕對不可以干涉。國家成立的主要目的就是保護人民，政府不過是代理人，如果政府不能照顧人民的利益，導致大量人民的生命受到傷害，基於人道，聯合國或國際社會就有充分的理由介入。

上一章我們提到國際刑事法院的成立，而種族滅絕正是國際刑事罪行，在禁止刑求公約中，任意逮捕、非法拘留、嚴刑拷問、綁架和謀殺等都是違

反人權的罪行。皮諾切特案更開出一個先例，由於普遍管轄權，任何一個國家的司法機構都有權審判違反人權罪行的人。不過，此案亦帶出一個問題，就是某國可能會利用「人權問題」，對敵國的官員進行審判，這樣就會加深人權和主權的「矛盾」，也造成國際社會之間的更大衝突，反而不利於世界和平。上一章我們也提到洛爾斯的八個國際公正原則，由於這八個原則並未肯定自由和民主的普遍意義，所以被人批評為向「主權」傾斜。但我相信，人權就像美食和音樂，最終都可以超越國界的。

人權的發展

人權的發展可以分為三個階段，在 17 世紀，洛克所主張的基本權利並不包括政治權利，在 18 世紀法國大革命之後，人權中加入了政治權利（即投票和被選舉權），在 20 世紀的聯合國人權宣言中，又加入了社會權利。除了教育權利外，我並不贊成醫療和工作之類的人權，因為這些權利必定是積極權利（講消極權利並沒有多大的意義），但誰有義務呢？當然是政府，這會令人太過依賴政府，人應該用自己努力爭取社會利益。

洛克	基本權利：生命、自由（有限）及財產
⬇	
法國人權宣言	人權及公民權利（包括政治權利）
⬇	
聯合國人權宣言	人權：基本權利 ＋ 公民權利 ＋ 社會權利（包教育、醫療、就業等）

❸ 非法移民問題

　　人總是希望擺脫貧窮，追求美好的生活，那些活在貧窮國家的人民也一樣。每年就有很多非法移民從貧窮的國家偷渡到富裕的國家，不過，對於那些處於絕對貧窮狀態的人來講，就連這個機會也沒有，所以來自非洲貧窮國家的非法移民並不多。如何對待這些非法移民呢？

　　近年發生於敘利亞的內戰，就產生了大量難民，這些難民通過不同途徑進入歐洲，對歐洲國家來講，是一個很大的考驗，特別是歐盟。歐盟不單是一個自由貿易區，也一直高舉民主和人權，民主制度是加入歐盟的必要條件，這對於渴望加入歐盟的中歐和東歐國家來說，對推動民主有很大的鼓勵作用。歐盟還成立了歐洲人權法院，其權力高於國家法院，歐洲國家要修改國內的法律以符合歐洲人權法院的裁決。歐盟是以貝多芬的第九交響曲為其「國歌」，喻意就是世界和平團結。但若是真的尊重人權，就不得不收容這些難民。

非法移民分類	
經濟移民	純粹由於經濟因素，想過更好的生活
天災難民	逃避天災
戰爭難民	逃避戰爭
政治難民	因政見不同，留在自己國家會遭到迫害

目前在接收難民方面，歐洲多國已感到吃力，特別是希臘，本身已經有嚴重負債的問題，每天還要接收大量難民；在德國方面，更有極端民族主義者襲擊難民營。現在有些國家已加強邊境巡邏，防止難民的進入歐洲境內；有些國家甚至主張修改神根公約，收緊歐洲各國之間的邊界開放，以堵截難民從別的歐洲國家進入。非法移民的問題正顯示出理想（人權）和現實（能力）的落差。也許在這裏哈定的救生艇比喻是適用的，即使是富裕的國家，也不能來者不拒，一定要衡量國家的承擔能力，只能作有限度的收容，其餘就要遣返。難民問題令我想起當年香港接收越南船民的情況，先不理會金錢上的負擔，要找地方與建難民營、要幫助越南人融入社區、要排解香港人和越南人之間的衝突等等，確實不是一件容易的事。

歐洲聯盟

二次世界大戰之後，為發展經濟，以德法為首的歐洲六國簽署《歐洲媒鋼聯合條約》，成立了歐洲共同市場，提升歐洲在國際間的競爭力，這就是歐盟的前身。目前歐盟有 28 個加盟國。

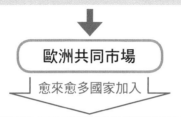

1957 年，歐洲六國簽署《歐洲媒鋼聯合條約》

↓

歐洲共同市場

愈來愈多國家加入

1993 年，命名為「歐洲聯盟」

❹ 世界公民

要建立世界共和國，必定要先確立「世界公民」的身份。正如康德所説，世界公民會從自己國家的考慮中抽離，以個人的理性來思考和行事。其實世界公民的概念早就存在，古希臘的斯多亞學派就提倡世界主義，而斯多亞學派的信徒也喜歡自稱為世界公民。不過，在今日全球化的年代，世界公民比昔日更有吸引力。

當然，今天世界公民的概念跟斯多亞學派所講的有很大的不同，世界公民跟民主社會的公民一樣，重視的都是民主、自由、平等和人權等價值，唯一的差別是世界公民要超出狹隘的民族主義和國家利益，從全球的視野來看戰爭、環境污染、經濟不平等和貧窮等問題。就以盧旺達發生的種族屠殺為例，單單批評這嚴重違反人權是不夠的，我們需要明白事件的前因後果。盧旺達最早是德國的殖民地，德國扶植圖西族成為管治階層，後來比利時接管了殖民地，以挑起圖西族和胡圖族的鬥爭來維持統治，後來胡圖族獲得法國的協助，供應武器並訓練士兵，在盧旺達獨立後取得政權，開始清洗圖西族，由此可見，法國對種族屠殺也有一定責任。國際社會沒有介入盧旺達事件，後來圖西族之所以打敗胡圖族，就是得到烏干達的幫助，而烏干達正是英國的前殖民地。這樣看來，盧旺達的內鬥背後可能涉及英法兩國的利益衝突。

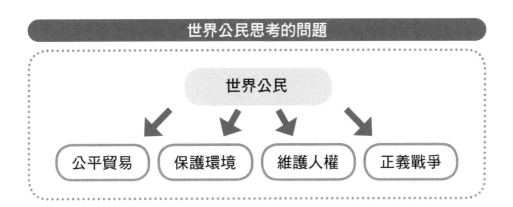

世界公民思考的問題

世界公民

公平貿易　保護環境　維護人權　正義戰爭

　　當然，要打破國界不是一件容易的事，也許如上一章所講，當外星人侵略地球時，就有可能產生地球人一體的意識。但我們也可以想像將來的社會有一班胸懷理想的人，他們想超越狹隘的民族觀念，試圖建立一個超越民族的理想國家，但他們本身也有着不同的文化和習慣，最難克服的是什麼呢？我認為就是語言和宗教。所以，他們必須有共同的語言，這個問題不難解決，目前我們已有公認的國際語言——英語，有共同語言並不表示要放棄本身的語言。反而宗教是一個阻礙，因為宗教的排他性很強，目前宗教的紛爭也潛伏很大的危機，不單是不同宗教，還有同一宗教的不同派系，例如伊斯蘭教中就有什葉派與遜尼派之爭，極端的伊斯蘭原教旨主義還演變成恐怖主義，威脅着全球安全。諷刺的是，宗教本是追求和平，卻帶來戰爭，甚至毀滅。或許有問題的不是宗教，而是人本身，又或者我們需要的是一個有更大包容性的世界性新宗教。

4 結語

　　如果全球化的意思是國際關係愈來愈緊密，這是無法避免的，但問題是，應該朝向哪個方向呢？是西化，甚至是美國化嗎？我認為，應該是公正及和平。

　　戰爭、污染和經濟不平等等的問題已將全人類的命運綁在一起，人類文明要進一步發展，就必須解決這些問題。我們需要成立有效而公平的國際組織（包括非官方）來解決這些問題，不要再依重強權大國。目前世界最強大的國家還是美國，美國有兩方面足以稱霸世界，一是軍事，另一是電影；前者是硬實力，後者是軟實力。然而，美國是大氣層的最大污染者，也是最浪費的國家，卻拒絕簽署限制廢氣排放的京都協議書；美國也反對成立國際刑事法院，因為她深知她的行徑會有被起訴的可能；美國對國際社會的援助也帶有政治目的，不是給予最需要援助的國家，而是給予對美國最有利的國家。由此可見，美國也有着自大和自私的一面。

國際性非官方組織

　　國際性非官方組織可以分為三類，第一類處理戰爭、貧窮和飢餓等問題；第二類協助落後地方發展；第三類負責監察和維護人權。但由於國家的介入，或其他政治因素，令這些組織不能有效發揮功能，例如北韓政府就獨霸國際組織提供的救援資源。

處理問題	例子
戰爭、貧窮和飢餓	無國界醫生、國際紅十字會、反飢餓行動
協助落後地方發展	國際關懷協會、牛津饑荒救濟委員會
監察和維護人權	國際特赦組織、無國界記者

我認為，環境污染和核戰問題正是人類文明發展的轉捩點，要考驗人類的智慧、勇氣和仁愛的能力。就以全球暖化為例，主因是我們排放大量的二氧化碳，這是使用了非再生性的能源如石油、天然氣及媒等所致，而事實上，這些能源很快就會用完，所以我們必須盡快找尋新的能源，也必須是乾淨的能源。或者可以這樣說，如果人類要繼續生存，現代文明必須轉型。我們不但需要全球性的倫理，也需要全球性的環境倫理。

據柏拉圖所說，地球曾經有過亞特蘭提斯這樣的先進文明，而傳說中也有比亞特蘭提斯更古老的先進文明如雷姆尼亞；但這些文明都只是地區性，跟今天世界文明不同。文明就好像實驗，文明覆亡就如實驗失敗；文明實驗的目的是什麼？就是不斷進化，向上發展。如果人類過不了這一關，就表示我們沒有資格得到進一步的發展和繁榮；相反，地球能夠成功一體化，即表示能以地球為一單位面向無窮的宇宙。雖然目前的情況並不樂觀，但我仍然懷有希望。

後語

　　或許正如柏拉圖所說，研究政治哲學就是為了逃避實際政治的參與。

□ 責任編輯：鄭傳鍏
□ 封面設計：明　志
□ 漫畫繪製：阿柱 ArChu
□ 裝幀設計：盧韋斯
□ 排　版：盧韋斯
□ 印　務：林佳年

圖解政治哲學

□
著者
梁光耀

□
出版
中華書局（香港）有限公司
香港北角英皇道 499 號北角工業大廈一樓 B
電話：(852) 2137 2338　傳真：(852) 2713 8202
電子郵件：info@chunghwabook.com.hk
網址：http://www.chunghwabook.com.hk

□
發行
香港聯合書刊物流有限公司
香港新界大埔汀麗路 36 號
中華商務印刷大廈 3 字樓
電話：(852) 2150 2100　傳真：(852) 2407 3062
電子郵件：info@suplogistics.com.hk

□
印刷
美雅印刷製本有限公司
香港觀塘榮業街 6 號 海濱工業大廈 4 樓 A 室

□
版次
2016 年 7 月初版
2017 年 4 月第 2 次印刷
© 2016 2017 中華書局（香港）有限公司

□
規格
特 16 開（223 mm × 170 mm）

□
ISBN：978-988-8420-00-1